내한선교사편지번역총서 **1**

언더우드 선교사의 미국무부재외공관문서 편지

내한선교사편지번역총서 **1**

언더우드 선교사의 미국무부재외공관문서 편지

H. G. 언더우드 지음

김종우 옮김

서문

이전 시대가 닫히고 다시 새로운 시대가 열릴 때면 언제나 누군가의 헌신과 희생이 따르기 마련입니다. 세상에는 여전히 사람들이 알지 못하는 숨겨진 이야기들이 즐비하지만 남겨진 이들의 책임은 다시금 역사를 바로 잡고 고귀한 양심의 울림이 서로의 마음과 마음으로 소통될 수 있는 길을 예비하는 일이 될 것입니다.

언더우드 선교사님은 1885년 4월 5일 아펜젤러 선교사님과 함께 내한하여 한국 개신교 역사의 맥락에서 새로운 시대를 여신 분으로 평가됩니다. 이후 많은 이들이 언더우드 선교사님에 대해 연구하였지만, 특히 '연세대학교'는 그 자체로 선교사님의 헌신과 희생의 한 열매로서 한국 사회 속에서 자신의 책무를 다 하고 있습니다.

이번에 번역을 통해 처음 국내에 소개되는 미국무부재외공관문서 소장 언더우드 선교사님의 편지는 한국연구재단의 인문사회연구소지원사업의 일환으로 연세대학교 신과대학 부설 한국기독교문화연구소가 수행하고 있는 "내한 선교사 편지(1880-1942) 디지털 아카이브의 구축"의 과정에서 비롯되었습니다.

제1차년도 연구과제 수행 중, 언더우드 선교사님의 편지들을 디지털 아카이브화 하는 과정에서 한미경 박사님이 조사하고 정리한 컬렉션 중에 아직 국내에 소개되지 못한 문서를 번역하게 되었고 이것이 본 번역서 출간의 동기가 되었습니다. 지면을 빌어 박사님의 노고에 다시 한 번 감사의 말씀을 드립니다.

덧붙여, 제가 당시 번역을 위한 책임을 맡았지만 함께 힘써주셨던 차건 박사과정 연구보조원과 장유미 선생님께도 감사의 말씀을 전하며, 혹시나 발견되지 못한 모든 번역상의 오류는 온전히 저에게 책임이 있음을 여러분께 알려드립니다.

마지막으로, 번역된 문서에 관한 해제를 작성해 주신 임현진 박사님과 해서교안 사건에 대한 조언을 해주신 윤현숙 박사님, 그리고 본 번역서가 출간될 수 있도록 물심양면으로 애써주신 허경진 교수님과 정재현 교수님, 한국기독교문화연구소의 소장이신 홍국평 교수님과 방연상 학장님께도 지면을 빌어 심심한 감사의 말씀을 드립니다.

본 번역서를 통해서 언더우드 선교사님의 또 다른 숨겨진 헌신과 노고가 많은 분들께 알려지고, 각자의 자리에서 신앙과 양심에 따라 살아가기 위해 애쓰시는 모든 분들의 마음속에 참된 위로와 평안이 있기를 바랍니다.

2021년 12월 1일
옮긴이 올림

차례

서문 · 5

일러두기 · 9

해제 · 11

◆ 번역문 · 19

1888년 ···································· 21

1889년 ···································· 33

1890년 ···································· 36

1891년 ···································· 41

1894년 ···································· 42

1897년 ···································· 44

1898년 ···································· 46

1900년 ···································· 53

1901년 ···································· 57

1903년 ···································· 60

1904년 ···································· 132

1905년 ···································· 154

1906년 ···································· 159

1909년 ···································· 174

1910년 ···································· 179

1911년 ···································· 189

1912년 ···································· 195

1913년 ···································· 200

1914년 ···································· 202

1915년 ···································· 208

1888년 ································ 213

1889년 ································ 225

1890년 ································ 228

1891년 ································ 233

1894년 ································ 234

1897년 ································ 236

1898년 ································ 238

1900년 ································ 244

1901년 ································ 248

1903년 ································ 251

1904년 ································ 321

1905년 ································ 343

1906년 ································ 347

1909년 ································ 361

1910년 ································ 366

1911년 ································ 376

1912년 ································ 382

1913년 ································ 387

1914년 ································ 389

1915년 ································ 395

일러두기

1. 미국 국립문서기록관리청 소장 영인본을 저본으로 하여 번역하였다.
2. 번역문, 원문 순서로 수록하였다.
3. 원문에서 식별하기 어려운 부분은 [illegible]로 표기하였다.
4. 원문의 단어에 오류가 있을 경우에 [sic]로 표기하고 그대로 두었다.
5. 저자 외의 미국무부재외공관의 행정원 등이 문서에 따로 표기한 경우 원문에는 이탤릭체로 표시하였고, 번역문에는 편지 상단의 것은 고딕체로, 편지 하단의 것은 본문과 다른 서체로 표시하였다.
6. 전보의 경우 편지 내에서 모두 인용하고 있으므로 중복을 피하기 위해 편지의 인용문을 해당 전보로 대체하였다.
7. 한국인의 실제 이름과 영문 표기가 일치하지 않는 경우 실제 이름으로 표기하였고 찾을 수 없는 인물은 영문 표기를 따랐다.

해제

1. 자료 소개

이 책에 실린 언더우드의 편지들은 미국 국립문서기록관리청 (National Archives and Records Administration)에 소장되어 있는 국무부재외공관문서(Records of the Foreign Service Posts of the Department of State)에 실린 것이다. 지금까지 우리나라에 소개된 언더우드의 편지는 대부분 미국 장로교역사연구소(Presbyterian Historical Society)에 소장된 자료였고, 내용은 주로 선교사와 미국 북장로교 해외선교본부와 주고받은 선교활동 보고의 성격을 띤다. 하지만 이 책에 실린 편지는 대부분 미국 공사관 관련자에게 직접 보낸 편지라는 점에서 이전과는 다른 관심과 이해가 반영된 자료라고 할 수 있으며, 1888년에서 1915년 사이에 언더우드가 한국에서 선교사역을 하면서 겪은 다양한 사건들이 생생하게 기록되어 있다는 점에서 중요한 가치를 지닌다.

2. 편지의 저자

편지의 작성자인 언더우드(Horace Grant Underwood, 1859-1916)는 평생을 한국 선교에 전념한 미국 북장로교의 해외선교사이다. 그는 1859년 영국 런던에서 태어나 1872년 미국으로 이주하였고, 1881년 뉴욕대학교를 졸업하고 1881년부터 1884년까지 뉴브런스위크신학교에서 공부하였으며, 1883년에 장로교 목사가 되었다. 1884년에는 조선에 파견될 최초의 장로교 선교사로 선정되었고, 주님을 모르는 천만 명의 생명들이 조선에 살고 있다는 단 하나의 이유만으로 조선행을 결단하였다. 가난한 나라의 선교에 동의하지 못한 약혼녀와는 결국 파혼을 맞기도 했으나 그는 굴하지 않았다.

하지만 조선이 1884년 갑신정변으로 외국인 입국을 금지하는 바람에 언더우드는 1년간 일본에서 조선인 유학생들에게 한국어를 배우게 되었고, 감리교 최초의 선교사 아펜젤러와 헐버트의 도움으로 〈마가복음〉을 한글로 번역하였다. 이후 1885년에 언더우드는 아펜젤러와 함께 인천으로 입국하였으나 조선의 정부가 선교활동을 허용하지 않아 처음에는 제중원에서 물리와 화학을 가르치는 과학교사로 활동하였다. 당시 그는 조선이 변화하려면 조선의 청년들이 변화해야 한다는 청년계몽을 강조했으며, 길거리에서 구걸하는 아이들을 불러 모아 의식주를 해결해주고, 교육을 통해 그들이 스스로 살아갈 수 있는 힘을 주고자 했다. 경신학교의 전신인 '예수교학당'이 바로 그곳이었으며, 첫 학생은 이후 상해 임시정부 외무총장과 대한민국 임시정부의 부주석이 된 김규식 박사였다.

이후 활발한 선교활동으로 성서번역위원회 초대위원장, 대한기독교서회 회장, 한국기독교교육회 회장 등을 역임하였을 뿐만 아니라 예수교학당, 서울 구세학당, 연세대학교의 전신인 연희전문학교를 설립하여 조선인의 교육에도 이바지했다.

한편 언더우드는 일제강점기에 반일인사로 낙인찍힐 만큼 조선인들의 입장에서 그들을 대변하고 연대했던 선교사였다. 그러므로 친일선교사나 일본제국과의 갈등도 피할 수 없었다. 언더우드는 30년 동안의 조선 선교에서 교육자로서, 출판인으로서, 번역자로서, 목회자로서 열정적으로 일하다가 1916년에 건강악화로 미국으로 돌아가 그해 10월 12일 미국의 뉴저지 애틀랜틱시티의 병원에서 마지막 숨을 거두었다. 그러나 그의 가족들은 조선에 남아 3대에 걸쳐 언더우드의 선교정신을 이어갔다. 그들은 병원설립과 학교설립으로 조선인의 육체적인 삶과 정신적인 삶의 성장을 도모했을 뿐만 아니라 한국의 민주화운동에도 힘을 보태었다. 4대손인 호러스 호튼 언더우드 주니어(Horace Horton Underwood Jr.)는 1980년에 광주민주화운동을 해외에 알렸다는 이유로 5공화국에 의해 강제추방되었다. 당시 조선에서 활동한 다른 선교사들과 달리 언더우드는 일반 민중에게 다가가는 '아래를 향하는 선교'(섬기는 리더십)를 이어갔으며, 불의와 타협하지 않는 청렴결백한 선교사로 한국 개신교 역사에 이름을 남겼다. 연희전문학교는 그를 기념하기 위해 교정에 동상을 설립했으나 1940년대 태평양 전쟁 중에 일제가 포탄을 만들기 위해 뽑아갔으며, 해방 이후에 새로 설립한 동상은 한국전쟁 중에 인민군이 또다시 뽑아가는 수모를 겪었다. 현재 연세대학교 정원에 놓인 그의 동상은 한국전쟁 이후에 새로 세워진 세 번째 동상이다.

3. 편지의 내용

이 책에 실린 국립문서기록관리청에 소장된 언더우드의 편지는 1888년부터 1915년 사이에 보낸 편지들로서 크게 ① 1888년에서 1902년까지의 편지들, ② 1903년의 편지들, ③ 1904년에서 1915년 까지의 편지들로 분류될 수 있다. ①은 그가 조선에 입국하여 선교를 준비하던 시기의 편지들로 부동산이나 저택마련을 위한 행정적인 요구, 선교지에서 겪는 정부의 탄압이나 전염병 확산과 같은 어려움을 토로하는 일상적 내용들을 담고 있다. 그리고 ③은 본격적인 선교과정에서 일어나는 갖가지 행정적 요구나 지원의 요청 그리고 생활을 위한 사사로운 허가 요청 등의 내용들을 담고 있다. 그리고 ② 1903년의 편지들은 이 책에서 가장 눈여겨 볼만한 부분으로 언더우드가 해주에 내려가서 쓴 편지들이며, 그 중에서도 1903년 2월 10일부터 3월 23일까지 주로 공사 알렌에게 보낸 24통의 편지들은 '해서교안(海西敎案)' 사건에 관련된 내용을 담고 있다. 여기서 '해서(海西)'는 사건이 발생한 황해도 지방의 이름이며, '교안(敎案)'은 그 사건의 성격, 즉 종교인과 민간인 사이에 일어난 분쟁을 의미한다. 그런 뜻에서 '해서교안' 사건은 1900년에서 1903년 사이에 황해도 '해서' 지방에서 일어난 천주교인과 민간인 그리고 그들을 보호하려는 개신교인들 사이에서 발생한 일련의 갈등과 그로 인한 소송사건을 통칭하는 용어다. 일반적으로 선교지역에서 '교안'이 발생하면, 통례적으로 선교사는 선교본부와 자국의 공사관에 사건을 보고하고, 공사는 우리나라의 외무부와 문제해결을 위한 외교적 절충을 시도한다. 이 책에 실린 언더우드의 편지, 특히 1903년의 편지들은 바로 그 '해서교안' 사건의 정황과 사정 그리고 해결과정을 보여준다는 점에서 당시 언더우드가 선교 사역에서 겪은 또 다른 난관과 역경의 단면을 이해하는 데 도움을 준다.

해서교안 사건은 처음에는 종교인과 토착민 사이의 갈등으로 시작되었으나 이후 외교적인 문제로까지 확대되면서 조선정부도 적극적으로 개입하게 되었다. 이 시기의 편지의 내용은 크게 두 부분으로 나눌 수 있다. 전반부인 2월 10일부터 3월 9일까지는 해서교안 사건과 그로 인한 재판 관련 내용을 보여주며, 재판이 열리기까지의 사건과정이나 주변정황 그리고 선교사의 입장이 구체적으로 드러나 있다. 후반부인 3월 12일부터 3월 18일까지 알렌에게 쓴 편지는 재판의 구체적인 전개과정과 진술내용을 있는 그대로 보고하는 형식을 취하고 있다.

먼저 2월 10일에서 3월 9일에 보낸 16통의 편지는 해주에 도착한 시점부터 해서교안 사건과 관련한 정보들을 알렌에게 알리는 내용이 주를 이룬다. 알렌은 언더우드에게 해서교안 사건이 미국교회나 개신교인들과 관련된 것이 아니라면, 굳이 분란에 개입하지 않는 것이 좋겠다고 권유하지만 언더우드는 해주에서 일어나고 있는 비리와 만행(고문, 폭력, 협박, 금품갈취, 체포거부 등)을 낱낱이 고발하고 있다. 편지 속에서 빌렘 신부를 위시한 천주교인들은 당국과 조사관들에 저항하고 체포에 불응하는 과정에서 포졸들과의 무력적 충돌도 불사하였고, 도리어 포졸들을 조약위반으로 투옥시키는 만행도 불사하는 모습으로 그려진다. 나아가 프랑스 공사는 신부들의 석방을 요구하고, 조사관은 석방 이행을 거부함으로써 양국 간의 갈등은 더욱 심화되었다. 언더우드의 편지 속에서 조사관은 이 모든 사건을 주도한 핵심인물인 빌렘 신부를 조사하기 위해 그의 서울 소환을 요청하였으나 빌렘 신부는 그 모든 요구를 기망하고 거부하며 조사의 혼선을 초래했으며, 프랑스 비서관까지 나서서 빌렘을 보호하였다. 심지어 빌렘 신부는 자신을 체포하려는 군수와 조사관을 제거하려는 음모를 꾸미기도 했으며, 자신을 체포하러 온 군졸들의 영장을 가로채고, 발포명령을 내리는가 하면 계속해서 조선의 정부명령을 무력화시켰다. 이에 언더우드는 알렌에게 프랑스의 외교적 압력에 맞설 수 있도록 미국 공사관이 개입해 줄 것을 요청하기에 이른다. 이 과정의 편지들에는 프랑스의 천주교 사제들과 한국의 천주교인들이 조선정부와 조선인들에게 가하는 위해에 대한 언더우드의 심각한 우려가 나타나 있다. 조선의 정부와 공권력의 권위를 전혀 인정하지 않는 외세의 무도한 태도에 맞서 언더우드는 조선의 권리를 도모하기 위한 미국의 개입을 적극적으로 강구하고 있다. 이러한 내용들은 당시 국제사회에서 조선이라는 국가가 독립적인 지위를 인정받지 못하던 안타까운 현실을 보여주고 있다.

이어지는 3월 12일에서 3월 18일에 보낸 9통의 편지는 사건에 대한 조사가 진척되어 재판받는 과정을 알렌에게 상세히 보고하는 내용이 주를 이룬다. 먼저 1902년 5월 11일에 있었던 '신환포 사건'의 주범 김병호와 박재환의 재판내용을 전한다. 여기서는 천주교인들이 신환포에 강당을 짓기 위해 사람들에게 기부금을 강요하면서 이루어진 각종 범죄들, 구타, 금품갈취, 체포거부, 토지매각 등에 관한 재판이 보고되고 있다. 언더우드는 이 재판의 과정을 통해 개신교인들과 조선인들에게 가하는 위해와 만행을 알렌에게 낱낱이 보고하고 있다. 문체는 자신의 주관적인 생각과 평가를 최대한 배제하고, 재판이 진행되는 절차와 순서에 따라 관찰일지를 쓰듯 정확한 사실을 기록하고자 한다. 이 과정에서 김병호와 박재환은 처음에는 범죄를 적극적으로 부인하거나 거짓증언을 하지만, 이들에게 폭행당한 증인들의 증언으로 모든 혐의가 사실로 드러났고, 이에 법정은 그들이 강탈한 금품을 모두 갚으라고 선고했다. 이어서 진행되는 재판이 '해서교안' 사건에 관한 것이다. '해서교안'의 재판내용과 관련해서는 이 책에 실린 언더우드의 편지들뿐만 아니라 사건관련자들의 이름이 빠짐없이 기록된 이응익 조사관의 『해서사핵사주본』도 함께 활용될 수 있을 것이다. 언더우드의 편지는 3월 16일 오후 1시에 열린 재판의 보고내용이며, 해서교안 사건의 주동자라 할 수 있는 홍종국과 노성직의 답변내용을 있는 그대로 전달하는 형식을 취하고 있다. 이러한 내용만 보면, 피해 입은 조선인들의 보상요구가 하나씩 해결되고 있다는 인상을 준다. 하지만 빌렘 신부의 만행은 계속되는데, 그는 조사관의 요구를 무시하며 재판에 참여하지 않고, 청계동도 떠날 수 없다고 주장하면서, 재판상의 모든 과정을 뒤집을 수 있다고 계속해서 협박하는 내용으로 재판과정과 관련한 편지의 내용은 일단락된다.

4. 편지의 가치

이 책에 실린 편지들은 장로교회 최초의 내한 선교사인 언더우드가 당시 조선의 선교를 위해 어떤 노력을 했는지를 매우 사실적으로 보여준다. 흔히 '선교'라 하면, 기독교 복음을 전파하는 종교교육적 역할을 떠올리게 마련이지만 언더우드는 그러한 복음의 전파뿐만 아니라 복음의 실천에도 적극적으로 매진했던 사람이었다. 그의 편지들에는 언더우드가 조선에 첫 발을 내딛을 당시의 열악한 상황들이 상세히 묘사되어 있는데, 언더우드는 그런 고난과 역경 속에서도 자신의 신앙을 고양시켜 나갔으며, 선교활동을 쉽게 허락하지 않았던 당시 조선의 엄격한 현실은 도리어 언더우드를 더욱 진정한 선교사로 거듭나게 했다.

언더우드는 광혜원(이후 제중원으로 변경)에서 질병에 시달리던 조선인들을 진료하고 간호하는 의료선교를 펼쳤고, 제중원 산하의 의학교에서 물리와 화학을 가르치는 교육선교를 펼쳤다. 뿐만 아니라 길거리의 배고픈 고아들을 데려와 보살피고, 공부를 가르쳤던 보육선교(경신학교)도 펼쳤다. 이 책에 실린 '해서교안' 사건에 대한 기록도 바로 그런 선교활동의 일환에서 일어난 것이었으며, 언더우드의 정의로운 마음과 연민이 잘 드러나 있다. 이 책에 실린 언더우드의 짧지 않았던 27년의 선교역사는 오늘날 우리에게 그리스도의 십자가를 따르는 삶이 무엇인지를 다시 한 번 일깨워준다.

번역문

1888년

원문 p.213

서울, 한국
1888년 4월 4일

찰스 찰리-롱 대령님께
미국 공사관 서기관

귀하에게

당신의 어제 편지와 다섯 개의 집문서들, 그리고 외무부의 전달 사항들을 전사한 내용을 모두 잘 받았습니다.

전사된 내용에 따르면 다섯 개의 집문서들에 서명이 되어 있지도 않고 가격을 언급하고 있지도 않다고 합니다. 제가 다섯 개의 문서들을 검토해 보았는데 서명은 모두 되어 있었지만 가격에 대한 언급은 없었습니다.

만약 제가 가격을 언급하거나 증서에 그것을 넣어준다면 충분할 것입니다.

당신의 지시를 기다립니다.

진심을 담아
H. G. 언더우드

서울, 한국
1888년 4월 6일

원문 p.214

존경하는 H. A. 딘스모어께
미국공사

귀하에게
부디 제가 경기도, 황해도, 평안도, 함경도, 강원도 지역을 여
행할 수 있도록 여권을 발급해 주시지 않으시겠습니까?

진심을 담아
H. G. 언더우드

서울, 한국
1888년 4월 9일

찰리-롱 대령님께
미국 공사관 서기관

귀하에게

수정을 위해 저에게 왔던 집문서들을 당신에게 돌려보냅니다. 제가 찾을 수 있었던 유일한 사람의 경우에는 새로운 집문서를 제공하였습니다. 다른 네 개의 집문서들에 관해서는 군수의 집무실로 그 사실에 관한 내용을 적어 보냈으며 그의 도장이 찍혀 있습니다.

이제 모든 일이 잘 처리되었다고 여겼기에 문서들을 보냅니다. 막 도착한 여권에 대하여 감사를 드립니다.

존경을 담아
호러스 G. 언더우드

평양
1888년 5월 2일

존경하는 H. A. 딘스모어
미국공사
서울, 한국

귀하에게

　오늘 아침 당신에게 보낸 전보에서 우리가 결정한 바에 대하여 기술하였으며 그것을 정부에 알려달라고 요청했습니다. 아마 당신은 우리가 계속해서 여행할 의지를 가진 것을 알고 다소 놀라셨을 것입니다. 그러나 당신의 편지에는 서울로 돌아오라는 말씀이 없었습니다. 우리는 한국의 북쪽 지역도 보고 싶습니다. 우리가 한국 정부를 불쾌하게 할 만한 일을 한 것이 이미 있다면 그것을 돌이킬 수는 없겠지만, 지금부터 우리는 "한국인들에게 기독교를 가르치거나 종교적 예전을 집행하는 일을 삼갈 것"을 확언합니다. 우리는 한국 정부가 우리의 여행을 반대하지 않기를 바랍니다. 이것은 다만 미국인들이 관광을 위해서 마을을 돌아다니는 것에 불과하기 때문입니다. 그러나 심지어 이것마저도 정부가 반대를 하고 우리의 말을 믿지 못하겠다고 한다면, [illegible]에서 전보를 받을 수 있게 해주시기 바랍니다. 그때 여행을 멈추도록 하겠습니다. 우리는 우리의 제안이 수용되고 당신이 우리에 관해서 한국 정부와 어려움을 겪지 않기를 바랍니다.

당신에게만 말씀드리자면, 우리의 희망은 "자유롭고 제한 없이 우리 종교의 유익들을 이 나라 사람들에게 제공할 수 있는 때가 어서 오는 것"입니다.

우리는 당신의 지시를 따를 것입니다.

H. G. 아펜젤러

H. G. 언더우드

찰스 찰리-롱 대령님께

귀하에게

저는 당신에게 공적인 골칫거리 하나를 알리고 우리가 이 문제를 제거하는 것을 당신이 도와주셨으면 합니다. 며칠 전에 저는 문밖에 나갔는데 쓰레기 더미를 뒤져서 먹고 사는 자가 밖에다가 퇴비 더미를 만들고 있는 것을 보았습니다. 저는 즉시 그것을 치우라고 요구했고 그렇게 되었습니다. 하지만 퇴비 더미는 조금 더 위쪽으로 옮겨 갔을 뿐이었고, 지금 저의 집과 서문 사이에는 길 바로 위에 퇴비 더미가 놓여 있으며 구린내가 진동합니다. 사실 개인 부지에서 이런 일이 있었다면 그냥 옮기고 말 문제이지만 이 퇴비 더미는 공공 도로 위에 놓여 있으니 당장 그 사람을 제지하는 것이 옳다고 생각합니다.

당신이 친절하게 이 문제에 관심을 기울이셔서 이와 같은 골칫거리를 없애는 일에 대하여 우리를 도와주시기를 바랍니다.

존경을 담아
H. G. 언더우드

서울, 한국

원문 p.219

1888년 7월 24일

존경하는 H. A. 딘스모어께
주한 미국공사

귀하에게

　제가 편지를 쓴 이유는 한 한국인이 저지른 사기 사건에 당신의 주의를 환기시켜서 당신의 도움을 얻고 그 범죄자를 처벌받게 하기 위해서입니다. 1888년 1월 26일에 저는 박건양이라는 한국인에게 집 하나를 구매해 줄 것을 부탁하며 모두 미화 250불에 해당하는 돈을 맡겼습니다. 그리고 그는 그가 구매해준 집의 소유증서, 좀 더 정확히 말하자면 그가 그러한 일을 완수했다고 증명해주는 것처럼 보이는 증서를 제 손에 쥐어주었습니다. 며칠 전에 저는 다른 아무개로부터 그렇게 구매된 집이 매각을 위해 내놓아진 상태라는 것을 들었습니다. 저는 그 집의 소유증서가 제 손에 있기 때문에 그런 일은 있을 수 없다고 주장했지만 결국 지난 증서의 숫자가 적혀있는 진짜 증서가 여전히 박건양의 손에 있으며, 박건양이 속히 그 집을 팔아넘기려고 준비하고 있다는 것을 알게 되었습니다.

　저는 즉시 박건양을 불러냈습니다. 그는 오랜 시간동안 자신이 한 일을 부정했으나 제가 위협적인 말들을 사용하며 설득하자 결국 자신이 한 일을 인정했고 관련 증서들을 내놓았습니다. 비록 제가 그 증서들을 지금 가지고는 있지만 저는 이 문제가 그냥 지나칠 문제가 아니라고 생각합니다. 이 문제는 한국에 거주하는 외국인들과 한국인들을 통해서 주택을 구매할 필요가 있는 우리와 같은 사람들을 위해서도 그러합니다. 저는 당신이 이 문제를 한국 당국에 알리고 앞으로 우리가 보호받을 수 있게 해주셨으면 합니다.

저는 현재 위조된 증서와 그를 유죄 판결하는데 필요한 모든 증거를 가지고 있습니다. 범죄자가 도망쳐서 법의 심판을 피하게 될 가능성도 있습니다. 저는 당신이 이 문제를 즉시 처리해주시기를 바랍니다.

존경을 담아

H. G. 언더우드

서울, 한국
1888년 8월 9일

원문 p.221

존경하는 H. A. 딘스모어께
주한 미국공사

귀하에게

  지난 7월 24일 저는 당신에게 박건양이라는 자가 저지른 위조 및 사기미수 사건에 대해 보고하면서 당신에게 그가 처벌받는 것을 도와달라고 요청하였습니다. 하지만 그 이후로 한국 당국이 이에 대해서 어떠한 법적 처벌을 내렸다는 것을 듣지 못하였습니다. 저는 한국인들이 이 범죄에 대하여 이미 법적인 조치를 하였는지, 아니면 앞으로 무언가 조치를 취할 예정인지에 대하여 알고 싶습니다.

  존경을 담아
  H. G. 언더우드

서울, 한국

원문 p.222

1888년 8월 11일

존경하는 H. A. 딘스모어께
주한 미국공사

귀하에게

제가 8월 9일에 쓴 편지 곧 박건양이 저지른 사기미수 사건에 대한 편지에 대하여 당신이 같은 날 보내신 답장을 잘 받았습니다. 당신의 답장을 통해서 저는 이 문제가 외무부에 공식적으로 보고되었음을 알게 되었습니다. 저는 즉시 한국 정부가 이 문제를 어떻게 처리했는지를 알아보았는데 박건양이라는 사람에게는 아직 어떠한 처벌도 주어지지 않은 것으로 밝혀졌습니다. 박건양에 대한 체포 시도도 없었으며 그 문제에 대한 조사조차도 이루어지지 않고 있었습니다.

우리 자신은 물론 서울에 거하는 모든 외국인들의 안전을 지키기 위해서는 이러한 사기 사건과 같은 문제가 이렇게 남겨져서는 안 된다고 생각합니다. 그러므로 저는 실례를 무릅쓰고 다시 한 번 당신에게 이 문제를 말씀드리면서 당신의 도움을 요청합니다.

존경을 담아

H. G. 언더우드

서울, 한국
1888년 8월 23일

원문 p.223

존경하는 H. A. 딘스모어께
주한 미국공사

귀하에게

　많은 한국인들이 우리에게 영어와 다양한 서양 과학 과목들을
가르쳐 달라고 종종 간청해왔습니다. 이러한 한국인들의 요구를
충족시켜주기 위해서 우리는 유럽과 미국의 위대한 대학들과 유사
한 하나의 학교나 대학을 한국에 설립하는 것이 한국과 한국 정부
에 유익이 될 것으로 생각했습니다. 이러한 학교에서는 영어와 현
대 언어들, 토목공학을 비롯한 실용적인 과학들, 의학, 법학과 실
제적으로 유용한 모든 직업 교육이 이루어질 수 있을 것입니다.

　그러나 우리가 이러한 학교를 열기 전에 왕에게 우리의 계획을
알리고, 우리가 취하려는 조치의 합당함을 확실하게 하기 위하여
왕의 고견을 듣는 것이 우리의 바램입니다. 만약 그분이 이를 찬
성하시고 우리가 그분의 은혜로운 승인을 얻을 수 있다면 우리는
그와 같은 학교를 열고 한국인들의 유익을 위한 계획을 실행에
옮기며 미국의 대학기관에서 제공하는 학위들과 유사한 학위들
을 적당한 시험에 통과한 자들에게 수여할 수 있을 것입니다.

　제가 공사님께 이 편지를 보내는 이유는 공사님께서 직접 왕을
알현하여 우리의 계획을 전달해주시기를 원하기 때문입니다. 만

약 공사님께서 우리의 계획에 찬성하신다면 우리가 왕으로부터 승인을 받도록 도와주시기를 바랍니다.

저는 당신이 이러한 요청에 있어서 우리를 지원해 주실 것을 믿어 의심치 않습니다.

존경을 담아

J. W. 헤론, MD

H. G. 언더우드

1889년

서울

원문 p.225

1889년 8월 12일

존경하는 H. A. 딘스모어께
미국공사

귀하에게

　외무부가 받아야 할 돈에 대해서 8월 7일에 당신이 보내신 편지가 어제인 8월 11일이 되어서야 저에게 도착했습니다. 그러나 그 금액은 이미 지불된 것입니다. 그래서 저는 여기에 8월 8일 날짜로 되어 있는 해당 금액에 대한 외무부의 영수증을 보내드리겠습니다. 부디 저에게 그 금액에 해당될 만한 두 개의 증서를 보내주시겠습니까?

　존경을 담아
　H. G. 언더우드

1889년 8월 24일 원문 p.226

H. A. 딘스모어 각하께
주한 미국공사

저는 송도의 한 씨라는 한국인과 함께 현재 새 궁궐의 건물을 관리하는 일을 맡고 있는 김창윤이라는 한국인 주사가 이 도시의 북쪽 지역에 살고 있는 김 씨라는 사람을 체포되게 하였다는 것을 알게 되었습니다. 김창윤 주사는 김 씨로부터 현금 30만원을 받아내려고 하였는데 그때 김 씨는 그 돈이 저에게 빚진 돈이라고 거짓 핑계를 대었습니다. 고문 상태에서 김 씨는 30만원치의 어음을 내놓았고, 석방되자마자 곧바로 저를 방문하여 앞서 말씀드린 일을 알리면서 저에게 빚진 돈을 달라고 요구였습니다.

제가 그에게 말했듯이, 저는 이 문제를 그의 입에서 처음으로 들었습니다. 그는 저에게 어떠한 현금도 빚진 적이 결코 없으며 사실 저는 그를 그 이전에는 만난 적도 없습니다. 이 이야기를 처음 들었을 때 저는 의심이 들었지만, 이제 이것은 한국인들 가운데 파다한 소문이 되어버렸으므로, 합리적으로 볼 때 저는 이 사건이 실제로 일어났다는 것을 믿고 있습니다.

이러한 일들이 한국인들 가운데서 제가 쌓아온 좋은 평판에 해를 끼치는 것은 당연한 일입니다. 그리고 그것은 저와 함께 있는 미국인들의 명성에도 누가 될 것입니다. 그러므로 저는 당신께서 그 한국인이 이 문제를 조사하게 할 것을 요청합니다. 가능하다

면 미국인들의 이름이 그러한 강탈행위에 사용되는 일이 없게 해
주시기를 바랍니다.

존경을 담아
H. G. 언더우드

1890년

원문 p.228

허드 씨에게

선교부가 임명한 위원회는 헤론 선생님의 의료 계좌에서 많은
미수금을 발견했습니다. 금액을 보내기 전에 우리는 모스 타운센
드 상회에 관한 어떤 [illegible]가 있는지 알고 싶으며 당신과 그
문제에 관해서 이야기를 나누고 싶습니다.

진심을 담아
H. G. 언더우드

서울, 한국
1890년 7월 21일

원문 p.229

허드 씨에게

여기 토지 증서들이 있습니다. 같은 장소에 대한 세 개의 증서들이 있는데, 그것은 거기에 세 개의 한국식 오두막들이 본래 있었기 때문입니다.

진심을 담아

H. G. 언더우드

허드 씨에게   원문 p.230

우리 선교부의 회계 담당자인 기포드 씨는 이와 관련된 모든 문제들을 살피는 위원회의 의장이기도 하며, 모든 지불금액을 받기에 적절한 분이십니다.

진심을 담아

H. G. 언더우드

허드 씨에게

그 주제를 다루는 24번 조항의 사본이 여기에 있습니다. 물론, 만약 주 정부가 필요하다고 결정한다면 모든 자료들은 당신의 거부 등을 위해 열려있을 것입니다.

진심을 담아

H. G. 언더우드

장로교 선교 매뉴얼 24번 조항

24번 조항. 선교사의 삶의 목적은 그리스도를 선포하고 십자가에 못 박히신 [illegible]으로서 항상 거룩함을 지켜야 한다. 이와 같은 목적에서 벗어나지 않는다면, 선교사들은 섭리적 상황에 의해서, 선교부의 동의와 이사회의 승인을 얻어서, 선교지에서의 금전적 보상을 얻을 만한 일에 종사하는 것에 일시적으로 인도될 수 있다. 획득한 금액은 선교부의 재정으로 양도되어야하며 이사회의 회계부서에도 보고되어야 한다. 그러한 경우에 선교사들은 계속해서 그들의 [뒷 페이지 없음].

1891년

1891년 4월 4일   원문 p.233

허드 씨에게

부산에 있는 부동산을 획득하기 위한 허가를 신청하는 문제에
대해서 당신이 하신 질문에 답하기 위하여 편지를 씁니다. 베어
드 씨와 차후에 오실 한 분의 의사 선생님을 위한 집을 건축하기
위하여 무역부서의 관리인 대리인이 부동산을 신청하는 것을 우
리가 보았다는 것을 말씀드립니다.

진심을 담아
H. G. 언더우드

1894년

원문 p.234

서울, 한국
1894년 4월 9일

알렌 선생님께

토요일에 당신이 보낸 편지는 잘 받았습니다. 제가 그에 대하여 드릴 말씀은 우리 모두가 뮈어 장군과 교류를 하고 있지 않기 때문에 우리의 답장을 당신이 그분께 전달해주시거나 우리가 그분과 직접 연락할 수 있도록 해주시면 좋을 것 같다는 것입니다.

우리는 그 장소에 대해서 특별한 생각을 가지고 있지 않습니다. 그리고 우리가 뮈어 장군이 마음에 들어 하지 않을 장소를 선택한 것에 대해서는 상당히 유감입니다.

우리는 다만 도시의 열기를 피해서 여름을 보낼 적당한 장소를 찾고자 할 뿐입니다. 만약 뮈어 장군께서 그의 영향력을 사용해서 우리에게 적합한 다른 장소를 선택해 주신다면, 우리는 기꺼이 부동산 증서들을 교환하겠습니다.

이 문제가 당신에게 귀찮은 일이 아니라고 믿습니다.

진심을 담아
H. G. 언더우드

실 씨에게

저는 당신에게 지난번에 일본 군인들이 모화관에 있는 우리의 장소를 계속해서 통로로 사용하는 것에 대해서 말하려고 하다가 잊어버리고 말았습니다. 제가 그들에게 그렇게 하지 말라고 말했고 한국인 감독도 그렇게 말했습니다. 심지어 한국인 감독은 그들에게 그곳에서 미국 국기가 휘날리고 있는 모습까지 보여주었음에도 불구하고, 그들은 계속해서 그렇게 하겠다고 고집을 피우고 있습니다.

오늘 아침 그들 중에서 아주 많은 숫자가 쟁기질을 새로 마친 밭을 짓밟고 갔습니다. 그들은 우리가 작은 딸기나무로 만든 울타리들도 제쳐놓거나 짓밟고 지나갔습니다. 돌아가는 길이 우리의 터를 지나서 가는 것보다 오래 걸리기 때문에 이런 짓을 하는 것입니다.

당신을 귀찮게 해서 죄송하지만 그들을 제지해 주실 수만 있다면 우리에게는 큰 축복이 될 것입니다.

진심을 담아

H. G. 언더우드

1897년

원문 p.236

실 씨에게

방금 들은 말에 따르면 자칭 기독교인이라고 하는 사람들이 또다시 기독교의 이름과 저의 이름을 사용해서 황해도 평산 지역에서 사람들로부터 돈을 갈취하고 다닌다고 합니다. 황해도 기린 마을에 사는 두 사람이 있는데 한 사람의 이름은 박영의이고 다른 한 사람의 이름은 최독수입니다. 그 둘은 저에게서 받았다고 주장하는 외국 옷을 입고 다니면서 저의 이름으로 사람들에게 강제로 돈을 내게 만든다고 합니다.

그리고 장원식이라는 사람이 와서 주장하기를 그의 형 장주식이 평산의 고을 원님에 의해 감옥에 수감되어 있는데, 제가 장주식의 체포를 명령했다고 주장하는 앞서 말한 두 사람의 요청으로 이루어진 것이라고 합니다. 동생 장원식이 평산의 고을 원님에게 호소하니, 고을 원님이 저에게 편지를 받아오지 않으면 그의 형을 풀어 줄 수 없다고 했다고 합니다. 그가 저에게 와서 그의 형이 체포된 이유를 묻고 있습니다.

이 문제를 조사해 주시지 않겠습니까? 더 이상 이런 일은 있어서는 안 됩니다.

진심을 담아

H. G. 언더우드

1898년

서울, 한국 원문 p.238
1898년 6월 10일

미국 공사관, 서울, 한국.

알렌 선생님에게

오늘 날짜로 당신의 친절한 편지를 아침에 받았습니다. 이에 대한 저의 대답은 다음과 같습니다;

제가 잘못 생각하고 있는 것인지도 모르지만 저는 다른 사람들에게 청구된 비용만큼 저에게도 동일하게 청구되어야 한다고 요청할 권리가 있다고 생각합니다. 그들이 진술서에 기술하기를 계약이 만료되기 전까지 저의 비용을 경감시켜준다고 하였기 때문에 저는 이것이 실제적으로 받아들여져야 한다고 여깁니다. 제가 지금 요청 드리는 것은 그들이 다른 이들에게 그러하였듯이 동일한 권리를 가지는 것입니다.

파운드당 2센을 경감시켜주는 문제는 작은 일이지만 지금 청구되는 돈보다 5-6배를 더 지불해야 한다면 전혀 다른 문제가 됩니다. 지금 독립신문이 내는 비용은 미국에서 신문 출판사들이 내는 비용에 맞먹습니다. 지금 내고 있는 비용보다 훨씬 더 큰 금액을 그들이 지불하게 하려고 시도한다면, 그때 저는 무엇을 할 수 있는지 알지 못합니다. 그러나 만약 그들의 공무원 중 몇몇이 제안하는 액수까지 금액이 올라간다면 그것은 외국신문이 내는 비용보다도 더 비싸지게 될 것입니다. 하지만 적어도 그러한 변화가 실제로 일어나기 전까지는 제가 다른 이들이 내는 것과 동일한 비용을 낼 수 있어야 한다고 생각합니다.

당신이 저와 의견이 같으며 제가 당신의 도움에 의지할 수 있기를 희망합니다.

진심을 담아
H. G. 언더우드

한강, 서울
1898년 8월 18일

원문 p.240

알렌 선생님께

어제 저에게 도착한 8월 16일자 서울 '독립신문'에서, 저는 미국인들에게 쓴 당신의 보고문을 보았습니다. 그 보고문에 따르면 당신은 여기에 있는 선교사들 가운데 "하나의 관습이 생겼다"고 하면서, "이는 어떤 종류의 상품들에 대해서 대행사를 거치는 관습으로서 이것이 우리 상인들에게 피해를 주고 있다"고 말하고 있습니다. 만약 당신이 정말 그렇게 말한 것이라면 부디 저에게 당신이 언급한 것이 무엇이지 말해주지 않으시겠습니까? 제 생각에는 어느 정도의 오해가 있는 것이 확실한 것 같습니다.

당신이 잘 지내실 것을 믿습니다.

진심을 담아
H. G. 언더우드

추신. 듣는 사람에게 친절하게 대답해 주시겠습니까?
HGU

한강, 서울 한국
1898년 8월 23일

알렌 선생님께

어제 저에게 정식으로 보내신 편지가 잘 도착했습니다. 그리고 그에 대한 저의 대답은 저는 당신이 정부와 <u>사적으로</u> 소통한 내용에 대해서는 오직 편지 외에는 질문을 받을 수 없다는 점을 전적으로 이해한다는 것입니다. 그러나 현재의 경우에 있어서 저는 다만 당신이 신문 기사에서 지적한 선교사들의 비난 받을 만한 행동들이라고 말한 것, 즉 당신의 허용에 의해서 한 <u>신문에 기사화된</u> 내용에 대한 정보를 요청하는 것입니다.

미국을 대표하는 한 사람이 수많은 자국민들에 대해서 이와 같은 방식으로 공적인 비난을 했을 경우에, 그러한 진술에 대한 설명을 들을 수 있는 유일한 방법이 수천 마일 더 떨어져 있는 워싱턴의 국무부에 묻는 것 말고는 없다는 것입니까?

몇 마디 말씀이면 모든 것을 설명할 수 있을 것인데도 상황이 이러한 방식으로 전개된 것에 대해서 큰 유감을 표합니다.

진심을 담아
H. G. 언더우드

서울, 한국

1898년 10월 17일

알렌 선생님께

제가 조금 전에 책상을 정리하다가 스왈른 씨의 여권과 관련하여 당신이 남겨놓은 편지를 발견하게 되었는데, 이 편지가 저에게 당신에게 지불할 돈이 있다는 것을 기억나게 해주었습니다. 제가 이 일을 너무 늦게 처리한 것에 대해서 당신이 용서해주시기를 바랍니다. 조심스럽게 변명을 하자면 제가 그 편지를 받자마자 미국으로 떠났는데, 제가 부재하는 동안 그 편지가 잘못된 장소에 보관되고 있었기 때문에 이런 일이 벌어지고 말았습니다.

이 편지와 함께 해당 금액인 1엔을 동봉해 놓겠습니다.

진심을 담아

H. G. 언더우드

1엔 영수증을 발급하였습니다.

서울, 한국
1898년 10월 21일

존경하는 H. N. 알렌
미국 총영사

알렌 선생님께

미국인의 재판과 관련한 임명 통지서가 곧 도착할 것으로 예상하고 있고, 10월 31일에 미국 공사관으로 오라는 통지서는 잘 받았습니다.

이에 답하기 위하여 저의 현재 상황을 말씀드려야 할 것 같습니다. 저는 신경쇠약으로 인하여 며칠간 침대 신세를 졌으며 지금은 오한 때문에 거의 매일 같이 고통을 받고 있습니다. 당신이 예전에 봐주셨던 오랜 지병인 구토가 반복되는 문제도 매일 발생하고 있습니다. 제가 지금과 같은 건강 상태로 그러한 재판 자리에 출석하는 것은 무척 우려가 되는 일입니다. 사실 올해의 연례 회의에도 참석할 수 있을지 저는 확신할 수 없습니다. 그러므로 제가 가지 못하는 것을 부디 양해해 주시기 바랍니다.

웰스 선생님이 여기 함께 계시는데 그는 저의 건강 상태에 대해서 잘 알고 있습니다. 그분이 작성하신 메모를 제가 편지 봉투에 넣어 놓았습니다.

진심을 담아

H. G. 언더우드

1900년

1900년 5월 1일   원문 p.244

알렌 선생님께

어젯밤 9시 15분에 저는 정동으로 가는 중이었는데 군인들이 길을 막았습니다. 결국에는 그들이 저를 지나가게 해주었지만 담당 책임자는 저에게 9시 이후로는 모든 한국인과 외국인의 통행을 불허하도록 지시를 받았다고 하였습니다.

이것이 사실인지요? 만약 그렇다면 저희가 우리 자신들과 가족들 및 하인들을 위해서 통행증을 얻을 수 있을까요?

진심을 담아
H. G. 언더우드

서울, 한국
1900년 11월 23일

원문 p.245

존경하는 H. N. 알렌,
미국 공사관.

알렌 선생님께

에비슨 선생님께 제가 해주에서 보낸 전보에 대해서 저는 다음과 같이 진술하는 바입니다. 9월 23일 아침에 한 마을의 관리들 중에서 한 사람이 기독교 지도자들 중 한 사람(친척)을 만나러 와서 매우 심각한 일이 일어날 것이라고 하였고, 왕으로부터 모든 그리스도인들을 잡아 죽이라는 비밀지령이 내려왔다고 말했습니다. 그 말은 듣는 즉시 그는 그 구역에서 우리 일을 담당하고 있던 관리자에게 찾아갔고, 그 관리는 자신이 기밀문서를 조심스럽게 열어본 다음에 다시 동봉했다고 하였습니다. 그 기밀문서에는 다음과 같은 내용이 적혀 있었습니다. "우리, 이용익과 김영준은 국왕 폐하로부터 비밀지령을 받았으며 이것을 그대들에게 전하는 바이다. 서양 종교들을 행하는 자들은 더러운 교리를 믿는 자들이다. 비록 그들이 신조들을 따르는 자들처럼 보이지만 실제로는 악한 마음을 품은 자들일 뿐이다. 10월 20일에, 각 고을의 담당구역에서 유교의 제자들은 공자를 기리는 서원에 모이도록 하여라. 그리고 그 날 밤에 그리스도인들은 모두 죽이고 교회들은 파괴하라."

이 기밀문서의 내용이 알려진 연유는 다음과 같습니다. 한 마을에서 그 기밀문서를 받았던 고을 원님 대행이 체포되었는데 그 이유는 그가 옆 고을 원님의 구역에 서신을 자신이 직접 전달하지 않고 일반 배달원에게 그것을 맡겼기 때문이었습니다. 그러므로 이 원님 대행은 이러한 혐의로 옆 고을의 원님 앞에 붙잡혀 갔습니다. 그래서 그토록 조심스럽게 다루어야만 하는 서신의 내용에 대한 호기심이 일어나게 되었고 그 기밀문서는 몰래 열려지게 되었던 것입니다. 그 고을 원님 대행은 밤새 억류되었으며 그 날 밤 (음력 9월 23일) 그 마을의 원님은 현감이 그에게 사적으로 보낸 서신의 내용에 대해서 다음과 같이 말했습니다. 현감은 그에게 의정부에서 전보가 왔는데 그 전보는 나라 곳곳에 기밀서신이 유통되고 있으니 그러한 서신들을 수거해서 서울로 보내고 그것을 유통시키고 있는 자들을 잡아서 체포하라고 명하였다는 것입니다. 정보 제공자는 또한 이용익과 김영준의 인장들이 서류들 위에 분명하게 새겨져 있다고 전해주었습니다.

이 문서를 읽어 본 자가 말하기를 그 문서의 내용을 모두 전할 수는 없지만, 글이 아주 길었으며 모든 그리스도인들, 문명화를 향해 마음이 기운 모든 자들은 외국인이든 한국인이든 모두 포함되어 있었다고 말해주었습니다.

처음 그 정보를 받은 교회의 관리자는 즉시 그의 아들을 해주에 있는 저에게로 보냈습니다. 그의 아들을 만나고 나서 저는 에비슨 선생님께 라틴어로 전보를 보냈습니다. 에비슨 선생님은 그 기밀문서를 수거하라는 명령이 내려졌다는 것을 알게 되었을 때 즉시 해주에 있는 저에게로 찾아와서 모든 것이 별 탈 없게 되었다고

말했습니다. 그러나 저는 그 명령이 어디까지 전달되었고, 그 기밀
문서들을 다시 회수하라는 명령이 어디까지 전달되었는지를 알
수 없었기에 전보를 통해서는 당신에게 알리지 않았던 것입니다.

진심을 담아
H. G. 언더우드

1901년

원문 p.248

서울
1901년 1월 7일

알렌 선생님께

당신의 편지를 방금 잘 받았기에 답을 드립니다. 맥켄지 양이 장티푸스 폐렴으로 사망하였고, 에비슨 선생님이 진단을 내렸습니다. 무어 부인의 가족에게 배송된 옷들과 관련하여 당신이 해주신 제안에 대해서 깊은 감사를 드립니다. 저도 그와 관련된 내용에 대해서 알아보기 위하여 최선을 다하겠습니다.

저는 당신의 건강이 훨씬 더 좋아졌다는 말을 듣게 되어서 기쁘며 다시는 그러한 문제가 생기지 않을 것이라고 믿습니다.

에비슨 선생님은 아주 잘 지내고 있습니다. 어제 그는 매우 고요한 밤을 지냈으며 지금은 잘 회복하고 있습니다.

감사합니다.

진심을 담아
H. G. 언더우드

서울 원문 p.249
1901년 1월 8일

알렌 선생님께

어제 저는 무어 부인을 만나서 한 두 마디 이야기를 나누다가 몇 가지를 물어 보았습니다. 그리고 저는 그녀가 발진티푸스 만큼이나 장티푸스를 매우 두려워하고 있다는 것을 곧 깨달았습니다. 그녀는 이미 맥켄지 양의 방들과 거기 있던 모든 옷들을 살균했던 것입니다.

저는 이 사실을 당신이 알게 되면 마음이 편안해질 것이라고 생각했습니다. 당신이 열병 때문에 다시는 고생하지 않기를 바랍니다.

진심을 담아
H. G. 언더우드

서울
1901년 2월 13일

원문 p.250

존경하는 H. N 알렌:
미국 공사관

알렌 선생님께

지금 감옥에 있는 한 남자로부터 제가 받은 동봉된 메모를 당신에게 보냅니다. 저는 그 사건에 대해서 진정 아무것도 알지 못합니다. 재판에 대해서도 제가 아는 것은 없습니다. 그러나 이 진술들이 사실이라면, 한번 검토해볼 필요가 있지 않을까요? 제가 그 정보를 알게 되었을 때 이와 같은 비공식적인 방식을 통해서라도 당신에게 알려주어야 한다고 생각했습니다.

진심을 담아
H. G. 언더우드

1903년

1903년 2월 5일　　　　　　　　　　　　　　　　　　　원문 p.251

패독 씨에게

여기에 옛날 여권과 번역에 대한 동의서를 동봉해서 보냅니다.

저는 제가 떠나기 전에 유언보충서가 저의 유언장에 첨가되기를 원합니다. 제가 들릴 때 그것을 서명된 문서들이 있는 곳에 가져다 놓겠습니다.

진심을 담아

H. G. 언더우드

해주

원문 p.252

1903년 2월 10일

H. N. 알렌 선생님 귀하
미국 공사
서울, 한국

알렌 선생님께

당신의 신속한 전보로 인하여 라파르토 씨에 의해 해주로 가는 배가 하루 동안 정박되었고 저는 7일 토요일 자정에 이곳에 잘 도착했습니다.

8일은 비록 일요일이었지만 저는 그곳의 군수님과 그 신사분이 사태를 조사하도록 하는 것이 좋을 것 같아서 그들을 방문했습니다. 하지만 갑작스러운 공무가 생기는 바람에 군수님께서 오셔서 자신은 이 일에서 빠져야할 것 같다고 말씀하시면서 저를 월요일 점심 식사에 초대하셨습니다.

이응익 씨는 참석하지 않았고 저는 저의 신분 서류를 남겨 두었습니다. 어제 저는 두 분을 방문하였고 그들은 저를 기쁘게 맞아 주었습니다. 아마도 이곳에서 조사가 있을 것이라는 말을 듣고 저는 마펫 씨와 헌트 씨를 부르러 사람을 보냈습니다.

당신의 신분 서류를 제시하자 이응익 씨는 우리가 조사에 참석하는 것을 그가 원하기는 하지만, 공식적인 통지가 프랑스 공사관에서 서울 외무부로 간 후에 프랑스인 신부가 내려왔다고 하였습니다.

그러면서 그는 당신이 가진 것은 그에게는 그저 하나의 신분 서류일 뿐이어서 아쉽다고 말했습니다. 그는 만일 우리가 외무부로부터 정식적인 통지서를 받지 못한다면 우리가 요청한 특권을 제공할 수 없을 것 같다며 유감을 표했습니다. 그는 단호하였고 생각을 바꿀 것 같지 않았기에 저는 잘 동봉된 당신의 편지를 내밀었습니다.

그것을 보자 그는 저에게 그 편지를 번역해 달라고 했고 그 내용에 큰 만족을 표했습니다. 그는 이 편지가 모든 것을 해결했으며 만일 제가 어디에서 기다릴 것인지를 알려준다면 그가 우리에게 언제 조사가 시작될 것인지를 통지해 주겠다고 말했습니다. 저는 그에게 마펫 씨도 이 편지 내용 안에 포함되어 있으며 그가 해주에 도착하자마자 연락을 할 것이라고 말했습니다.

저는 당신이 우리 미국 교회들과 관련된 그리스도인들이 연관된 사건들이 조사될 때만 우리가 관련되기를 원한다는 것을 마땅하게 생각하고 있습니다.

그들의 주장에 따르면 그 신부가 그 일들 말고도 수많은 다른 일들을 하고 있다고 합니다. 만약 당신이 원하지 않는다면 우리나 개신교 그리스도인들이 관련된 경우가 아니라면 우리는 조사에서 빠지려고 합니다.

우리는 진행되는 모든 사항을 쉽게 알 수 있습니다. 우리가 없다고 하더라도 당신이 원하신다면 그 내용에 대해서 알 수 있습니다.

빌렘 신부가 어제 저를 방문했습니다. 그는 그가 체포를 방해하고 제지하였으며 포졸들 중에서 로마 가톨릭에 속한 그리스도인들을 제외한 다른 이들이 체포되도록 명했다는 것을 인정했습니다. 그는 또한 채찍질이나 투옥 같은 처벌을 내렸다고 합니다. 그는 이 모든 것을 공식적인 인정을 위하여 이곳 군수와 싸우고 있다는 이유로 변명을 하려고 합니다.

(서울에서 파송된) 두세 신부가 참석한 가운데 군수님과 이응익과 함께 긴 대담을 하고 나서, 빌렘 신부는 그가 다시는 그렇게 하지 않을 것이라고 말했습니다. 그러나 지금 이 도시에서는 똑같은 일이 시행되고 있습니다. 제가 전하여 들은 말에 따르면 오늘 아침 조사와 관련해서 어떤 로마 가톨릭교도들이 체포된 후 재판을 받도록 우리의 명령이 발행되었다고 합니다. 그들 중 일부는 신부들이 머무는 집에 있었습니다. 포졸은 그곳으로 가서 그들이 현상수배 되었음을 전달했습니다. 이들이 집 밖으로 나오지 않자 포졸은 신부가 있는 방을 열고 들어가서 현상수배 중인 자들이 누구인지를 말해 주었습니다.

그 신부는 즉시 포졸들을 붙잡도록 명령했고, 현상수배 된 자들이 있는 출구가 있는 방문을 여는 것을 금지했습니다. 제가 보기에 그들이 이러한 전략들을 계속해서 사용하는 것은 무모하다고 여겨집니다. 저는 당신이 이 서신 교환이 얼마나 공식적이기를 원하는지, 어느 정도로 자세한 보고를 원하는지에 대해서 알지 못합니다. 저는 당신이 원하시는 것이 무엇인지 알고 싶습니다.

저의 편지 수신지는 간단하게 해주가 될 겁니다.

진심을 담아

H. G. 언더우드

해주
1903년 2월 11일

H. N. 알렌 각하
미국 대사관
서울, 한국

알렌 선생님께

당신의 제안에 따라 마펫 씨는 6일인 금요일에 평양을 떠났으며 언더우드 씨도 동일한 날에 서울을 떠났습니다. 언더우드 씨는 토요일 7시 오후 12시에 해주로 바로 왔습니다. 해주에서 조사가 있을 것이라는 말을 듣고 언더우드 씨는 신환포에서 조사가 있을 것이라고 예상했던 마펫 씨에게 연락을 취했습니다. 헌트 씨는 해주에 2월 10일 화요일 저녁 10시에 바로 도착했습니다.

마펫 씨의 방문을 기다리면서 언더우드 씨는 그곳의 군수와 이응익을 방문했습니다. 군수는 매우 상냥했으며 그를 친절하게 맞아주었습니다. 그는 금방 프랑스 신부 빌헬름에 대해서 그가 가진 불만들을 자세히 설명했으며 르각 신부에 대해서도 불만이 많음을 드러냈습니다. 그는 이들이 무력으로 한국인들을 체포하는 것을 방해하고 막았을 뿐만 아니라 이미 체포된 자들마저도 풀려나게 되었으며, 체포하러 갔던 포졸들은 투옥된 후 채찍까지 맞게 만들었다고 했습니다. 그는 또한 자기가 있는 곳을 재판 장소로 만들어서 고을 원님이 해야 할 일을 대신하는 월권을 저질렀고, 사건들을 자신이 직접 담당해서 천주교도들에 대한 재판을 집행했습니다.

군수는 또한 빌렘 신부 자신이 이 모든 것을 했다는 것을 인정하고 있다고 말했습니다. (제가 말씀드릴 수 있는 것은 서울의 주교가 우리에게 빌렘 신부가 군수에 의해서 천주교도들이 체포되는 것을 허용하지 않을 것임을 말해주었다는 것입니다.)

빌렘 신부는 또한 언더우드 씨와 마펫 씨를 방문했습니다. 그는 그가 공식적인 인정을 위하여 군수들과 4개월째 싸우고 있다고 말했습니다. 그는 그 문제가 해결될 것을 예상하면서 이러한 방법을 취했다고 말했습니다. 그는 개인적으로 포박을 명했으며 이번에는 한국인 포졸들이 체포하려는 것을 막았고 한국의 합법적인 권위들에 속한 포졸들을 포박하도록 명했음을 스스로 인정했습니다. 그는 이 싸움에서 그렇게 했어야만 했던 것이 유감이라고 여겼으며, 개신교인들도 여기에 연루되어 있다고 말했습니다.

서울에서 온 두세 신부와 이 지역의 빌렘 신부, 이 두 사람은 군수와 이응익과의 대담을 일요일에 했다고 합니다. 군수에 따르면 그 대담에서 위에 언급된 것처럼 빌렘 신부가 자신의 행위들을 인정했다고 합니다. 두 신부 모두 빌렘 신부가 잘못했다고 인정했으며 빌렘 신부는 동일한 일이 계속되지 않을 것임을 보증하는 진술서를 작성했다고 합니다.

2월 9일 월요일 오후에 신환포의 한치순과 장연의 김윤오가 그들의 항의서를 특별 조사관에게 제출했습니다.

그 다음날 조사관은 그 항의서에 언급된 자들을 체포하도록 명령을 내렸습니다. 체포될 자들 중에는 김윤오를 공격했던 무리들의 우두머리인 안태건도 있었습니다. 그리고 신부들이 놀고 있던 집에 안태건이 있었음이 알려져 있습니다.

군수 자신이 다음과 같은 세부적인 내용들을 알려주었습니다.

포졸들은 그 사내가 그 집에 있음을 발견했습니다. 포졸들이 그에게 나오라고 했지만 그는 나오지 않았습니다. 자신의 의무를 다하기 위해서 한 포졸이 그가 신부들과 함께 있는 방문을 열었고 그에게 나오라고 했습니다. 그러자 그 신부는 포졸의 손을 묶고 그를 기둥에 매달았습니다. 그 후 그들은 포졸에게 매질을 했습니다.

그리고 두세 신부는 직접 조사관에게 가서 포졸들이 신부가 있는 방에 들어온 것은 조약을 어긴 것이라고 주장했습니다. 조사관은 포졸을 묶어서 때렸을 때 불법이 저질러진 것이라고 답했습니다. 그러자 두세 신부는 "그렇다면 우리가 잘못했습니다"라고 대답했습니다. 조사관으로부터의 사과와 이미 매를 맞았던 포졸의 투옥과 함께 일은 처리되었습니다.

그 남자는 조약에 대한 위반이라고 주장된 이유로 아직도 투옥되어 있습니다. 우리에게 그 조약서의 사본이 없기 때문에 우리가 확신하지는 못하지만, 우리는 이것이 조약의 일부가 아니기 때문에 조약의 위반이 아니지는 않을까 의심합니다. 부디 저희에게 이 점에 대해서 친절하게 알려주시겠습니까?

또한 "차"라고 불리는 다른 자에 대한 체포 명령이 떨어졌습니다. 그러나 빌렘 신부는 지금은 늦었으니 오늘밤은 그 사내가 그 곳에 머물고 그를 아침에 보내겠다고 말했습니다. 그러나 아침에

도 그가 오지 않았기 때문에 포졸이 그를 데리러 갔지만 이미 빌렘 신부와 그 한국인 사내는 사라진 뒤였습니다.

이곳에서 신부와 함께 있었던 그 천주교도는 그들의 체포 명령이 떨어졌던 날에 도시를 떠났고 결국에는 아무도 체포되지 않았습니다.

마펫 씨와 헌트 씨는 화요일 밤에 도착했습니다. 우리는 오늘 12시경에 군수와 조사관에게 인사를 드렸습니다.

군수는 신부들이 스스로 고을 원님의 의무들을 오만하게도 자기들이 하려 들고 사람들에게는 당국에 반항하도록 가르치고 이끌기 때문에 자신의 일을 하는 것이 불가능하게 되었다고 말하면서 그 문제들에 대한 느낌을 자유롭게 표현했습니다.

우리는 조사관도 만났으며 그는 그 상황에 대해서 매우 자유롭게 이야기했습니다. 그는 우리에게 체포 명령이 내려졌던 모든 자들이 달아났으며 그가 고을의 원님들에게 그들의 체포를 요청한 상태이고 체포가 이루어질 경우 즉시 재판을 진행할 계획이라고 말했습니다.

우리는 또한 다음과 같은 소식을 다른 마을에서 들었습니다. 체포 명령이 내려져서 지역의 포졸들이 갔을 때 그들은 숨어있지도 않았다고 합니다. 현상 수배범인 그들은 오히려 자기를 잡으러 온 자들 앞에서 웃음을 터뜨리며 그들을 무섭게 만들었습니다. 그들은 이렇게 말했습니다, "우리는 군수가 직접 보낸 포졸들에게도 저항했다. 너희는 우리가 너희를 따라갈 것 같으냐?"

그들은 공개적으로 당국과 조사관들에게 저항하고 있습니다.

우리는 군수가 군졸들을 사용할 권한을 얻지 않는 한 이들을 체포하는데 성공할 것이라고 생각하지 않습니다. 왜냐하면 로마 천주교도들이 지금까지 그랬던 것처럼 체포를 막기 위해서는 무력도 불사할 것으로 알려져 있기 때문입니다.

그는 만약 그들을 체포할 수 없을 경우 그들이 없이, 그가 확보할 수 있는 모든 증거를 취해서, 재판을 진행시킬 것이라고 사납게 말했습니다. 그는 그들이 도망간 것을 그들에게 불리한 점으로 작용하게 만들고 판결을 내릴 것이라고 말했습니다. 그러나 만일 이들이 체포에 저항한다면 유죄판결에도 저항할 것이라고도 말했습니다.

이 모든 일이 일어났음에도 그들이 여전히 활보하고 있고 정부가 자신의 권위를 주장하지 못하게 된다면 천주교도들은 지금보다 훨씬 더 공격적으로 나올 것입니다.

상황은 우리가 생각했던 것보다 실로 엄중하며 자칫 내전이 생길지도 모릅니다.

(당신이 보기에는 만약 당국에 대한 추가적인 저항이 성공적일 경우, 이 상황이 한국의 보전과 평화유지 및 동아시아의 평화에 크게 관심이 있는 영국인들과 일본인들에게 알릴 정도로 심각한 것이라고 보십니까?)

우리는 이것이 당신이 원하시는 보고에 얼마나 부합하는지 잘 모르겠습니다. 부디 실수가 있었다면 용서해주시기 바랍니다. 만약 당신의 원하시는 것을 알려주신다면 우리는 거기에 맞추기 위해 노력하도록 하겠습니다.

만약 당신이 암호 중에서 어떤 하나에 대한 두개의 사본들을 가지고 계시다면 우리는 전보 관계자들이 우리가 말했던 내용을 알지 못한 채로 전보를 통해 당신과 소통할 수 있을 것입니다. 언더우드 씨가 오실 때 그것을 서울로 가지고 갈 것입니다.

　　만일 가능하다면 이 내용을 들은 이가 제물포행 배를 타고 돌아 갈 것입니다.

　　존경을 담아

　　H. G. 언더우드

　　사무엘 A. 마펫

해주
1903년 2월 18일

H. N. 알렌 선생님

미국 공사관, 서울, 한국

알렌 선생님께

오늘 12시 정오에 우리는 법정으로 갔으며 두세 신부는 참석하지 않을 것이라는 소식을 들었습니다.

조사관은 우리에게 두세 신부가 떠났으며 외무부의 명령에도 불구하고 조사관이 죄수들을 석방하는 것을 거부하였기 때문에 두세 신부가 법정으로 돌아오지 않을 것이라고 말했다고 알려주었습니다.

조사관이 우리에게 말하기를, 프랑스 공사가 외무부를 통해서 죄수들의 석방을 요구했을 때 그 근거는 죄수들이 고문을 받고 있다는 것이었으나, 외무부는 그에게 유죄판결을 아직 받지도 않은 사람들을 구타하고 투옥했는지에 대해서 이유를 묻는 전보는 보내지 않았다고 하였습니다.

그는 대답하기를 그들은 구타를 당하지 않았으며 고문도 없었다고 합니다. 그럼에도 불구하고 그들이 도망간 것은 그들 스스로 자기들의 죄를 고백한 것과 같다고 하였습니다. 그가 비록 외무부가 그들의 석방을 명령했지만(그들은 아직 그것을 이행하지 않았습니다) 그는 그렇게 할 수 없다는 것을 두세 신부에게 말했다고 하였습니다. 그러자 두세 신부는 자기는 더 이상 재판에 참석할 수 없다고 대답했습니다. 조사관이 덧붙이기를, 그것은 두세 신부의 책임으로서 만약 그가 성심껏 온다면 그를 기꺼이 만날 것이지만 만약 그가 나타나지 않는다고 해도 그것은 두세 신부의 책임이라고 말했습니다.

우리는 상황이 이러하기에 당신과 즉시 연락하는 것이 최선이라고 생각했고 다음의 전보를 보냈습니다.

대한제국전보 司
전보 124번 클래스 P 37단어
해주 1903년 2월 18일 오전 1시 50분
알렌, 서울

조사관의 말에 따르면 프랑스 공사가 외무부를 통해서 고문을 근거로 죄수들의 석방을 요구하고 있다고 합니다. 고문은 있지 않습니다. 조사관이 석방을 거부하는 이유는 피고들이 죄를 법정에서 자백했으며 도망칠 수도 있기 때문입니다.

마펫, 언더우드

재판은 12월 15일에 시작해서 계속되었습니다. 어제의 증언을 근거로 죄수들, 고소인들, 어제의 증인들이 다시 재조사를 받았습니다. 죄수들을 대질심문하자 매우 명확하게 세 사람 모두가 습격에 가담한 공범이라는 것이 드러났습니다.

박진양은 그가 습격에 가담했으며 침입자들이 집집마다 돌아다니게 해주었다고 인정했습니다. 하지만 그는 침입자들에게 약속된 쌀을 받으러 간 청년이 그의 조카였음에도 불구하고 그가 개인적으로는 어떠한 돈도 받았다는 것을 인정하지 않았습니다.

한정수는 그가 보는 앞에서 그의 집으로 끌려가 협박으로 돈을 뜯긴 여성들 중 일부에 대해서 갈취한 금액이 있음을 자백했습니다. 그는 또한 신부의 명령을 받고 김삼재와 동행하여 개신교인을 결박했음을 자백했습니다.

김삼재는 나이가 열 여덟 정도 된 청년인데 그가 개신교인을 체포하러 갈 때 한정수와 동행하도록 강요받았으며 그의 삼촌이 개신교인이기 때문에 그들에게 도망가라고 경고하자 천주교 신부가 그의 결박을 명했다고 자백하였습니다.

그러자 조사관은 다음과 같은 내용을 요구하였습니다: 박진양은 전체 금액과 쌀을 모두 갚으라. 2월 22일까지 습격에 동행했으며 그의 자백대로 돈을 함께 갈취했던 자들로부터 재물을 다시 걷어서 가져오라.

조사관은 죄수들을 다시 감옥에 가두었으며 그가 모레까지 더 많은 자들을 체포할 수 있기를 바란다고 공표했습니다. 서흥 원님은 그 마을의 천주교 지도자들 중 한 명에 대한 사건의 재판을 내일 시작할 것을 요청했습니다. 우리는 이 사건의 재판에 참석할 계획이 없습니다.

우리는 증거로 제출된 한자 문서들에 나온 이름들을 마펫 씨의 본래 편지와 동봉해서 보냅니다. 우리가 이러한 세부사항들을 적

어 보내는 이유는 조사관의 보고서가 나왔을 때 그것이 참고를
위한 증빙자료로서 사용될 수 있다고 생각하기 때문입니다.

　존경을 담아

　H. G. 언더우드

　사무엘 A. 마펫

해주
원문 p.264

1903년 2월 26일

H. N. 알렌 선생님
미국 공사관, 서울, 한국.

알렌 선생님께

지난번에 보낸 우리의 편지에서, 청계동으로 가는 서신을 써서 그들이 포졸을 보낸 일과 프랑스 공사가 조사관에게 전보를 보낸 일에 대해서 썼습니다.

그 이후로 장연과 신환포의 사건들에 대해서 우리 그리스도인들과 관련되는 사람들에 대한 재판은 없었습니다. 그러나 조사관은 현재 분주한 상황인데, 개신교인들이 아니라 현지 한국인들이 가져온 천주교인들에 대한 사건들로 분주한 상황입니다.

어제 조사관은 누군가는 말해야만 하는 고문과 강도 사건에 대한 이야기를 듣기 위하여 두세 신부를 불렀습니다. 그들의 진술 빌렘 신부가 보는 앞에서 그가 직접 명령한 바에 따라서 행해졌다고 합니다.

서신과 함께 청계동으로 파견된 포졸들은 포박 명령이 내려졌습니다. 그 포졸들은 그자들을 잡아 오는데 실패했으며, 빌렘 신부에게 청계동을 떠나라는 명령까지 받았습니다. 대략 50명 이상의 천주교인들이 체포를 막기 위해 모여 있었기 때문에 그들은 빈손으로 돌아올 수밖에 없었다는 진술서를 제출했습니다.

빌렘 신부가 또 다시 체포를 방해했다는 것을 보여주는 보고를 받자마자 그는 서울로 그의 소환을 요청하는 전보를 보냈습니다. 그는 프랑스 공사관의 비서관이 내려올 것이라는 외무부의 응답을 받았습니다. 우리는 그가 누구인지, 영어를 할 줄 아는지 어떤지는 모르지만 그가 한국어를 하지 못할 것이라는데 대해서는 꽤 확신하고 있습니다. 우리는 이것이 무슨 소용이 있을지 모르겠습니다. 그는 사제들이나 한국인의 통역을 통해서 모든 정보를 얻게 될 것인데 프랑스어를 할 줄 아는 한국인들은 주로 천주교인들입니다.

조사관은 현재 군졸들을 사용하는 것만이 수배중인 자들을 체포할 수 있는 방법이라고 느끼고 있습니다. 서울의 해당부서는 그에게 군졸들을 동원해도 된다는 전보를 보냈으며 이들을 담당하고 있는 관청에는 반드시 절대적인 필요가 있는 경우에는 조사관을 도우라고 전보로 명했습니다. 그는 이것의 의미를, 장교가 그 필요성에 대한 결정을 내리고 그 사람들을 체포하는 일에 조사관을 돕기 위해서 열명이나 스무 명조차도 배정할 권한이 없는 것으로 받아들였습니다. 조사관은 장교에게 서울에 전보를 보내서 더욱 철저한 지시사항들을 내려줄 것을 요구하라고 요청했고 오늘 이것이 처리되었습니다.

만약 군대가 조사관이 사용할 수 있도록 동원되지 않는다면 우리가 어떻게 그들을 체포할 수 있을지 가늠할 수 없습니다. 체포를 위해 평산 마을로 파견되었던 조사관의 포졸들은 그들이 네 사람을 성공적으로 포박했음에도 불구하고 몽둥이를 들고 떼로

몰려오는 천주교인들로 인하여 포박한 자들을 **빼앗겼다**고 진술했습니다.

강력한 조치들을 취하는 것이 지연되는 것은 천주교인들이 더욱 대담하게 당국에 저항하도록 만들 뿐입니다.

우리는 이전 서신들에서 언급된 4번과 5번 서류들을 여기 동봉해서 보내겠습니다.

존경을 담아

H. G. 언더우드

사무엘 A. 마펫

해주

1903년 3월 2일

H. N. 알렌 선생님에게

우리는 당신에게 2월 23일과 2월 26일에 서류 몇 개들을 편지들과 함께 동봉해서 보냈습니다. 그러나 우리는 그것들이 잘 전달이 되었는지는 확신이 들지 않습니다. 만약 당신이 그것들을 받지 못했다면 우리는 당신에게 다시 한 번 동일한 내용이 담긴 사본을 보내겠습니다.

우리가 처음으로 보고드릴 내용은 빌렘 신부가 장연이라는 지역 곳곳에 선언문을 돌리고 있다는 것입니다. 우리는 그 사본을 여기에 보냅니다.

보다시피 그것은 김윤오 사건의 초기 상황을 다루고 있습니다. 그러나 조병길이 그것 때문에 체포되었다는 그의 진술은 사실과 다릅니다. 그가 가진 혐의는 한 시민을 포박한 후 구타한 것과 무력을 과시하면서 위압적이고 겁을 주는 방식으로 고을 원님에게 나타난 것이었습니다.

빌렘이 돌리는 선언문에서 지칭된 문제, 곧 본래 사건의 실태들은 이번 재판에서는 다루어지지 않았는데 그 이유는 그것이 이미 서울의 최고재판소에서 해결된 문제였기 때문입니다. 그러나 그가 재판을 받고 유죄판결을 받은 것은 그 이후에 그가 법을 제멋대로 범하였기 때문입니다. 장연의 원님과 조사관은 모두 이 선언문이 외국인이 법의 조치에 개입하려는 시도이자 백성들 가운데서 소요를 일으키는 것으로 보고 분개하였습니다.

우리는 2월 26일에 쓴 편지에서 언급한 그 "비통한 사건"의 증거 사본을 확보했습니다. 이 사건은 개신교 사건들과 아무 상관이 없지만 매우 중요한 사건이기 때문에 우리는 법정에서 그가 한 진술의 사본을 확보했습니다. 그 진술의 대부분은 그의 많은 고난들을 목격한 자들, 곧 현재 죄수로 있는 천주교인들이 확인해준 사실입니다.

그 고소인은 재령의 양이라는 자였습니다. 유사한 사건들이 많지만 우리는 당신이 번역해주기를 바라는 가장 중요한 사건들 중에서 극히 일부만을 선별하고 있습니다. 이 사건에서 빌렘 신부의 지시로 그가 보는 앞에서 구타가 행해졌습니다.

토요일에 마지막으로 남아있던 70명 이상의 포졸들과 열한 명의 군인들(이에 관해서는 편지 말미의 메모를 참조하기 바랍니다)이 더해져서 몇몇 가옥들부터 수색하기 시작한 후에 탈주자들을 체포하기 위해 청계동으로 갔습니다.

일요일 오후에 프랑스 공사관의 비서관이 프랑스 학교의 한국인 선생 이효관을 통역으로 대동하고 도착했습니다. 조사관은 우리에게 이 사람은 그를 돕기 위하여 외무부에서 보낸 통역인이라고 말합니다.

조사관은 그날 밤 그를 방문했습니다. 그(비서관)는 월요일에 빌렘 신부를 그가 부르겠다고 말했습니다.

월요일인 오늘 아침에 그는 죄수들을 방문했으며 있는 천주교인들이 있는 것을 보고 나중에 그가 그들을 다시 보러오겠다고 했습니다. 그가 어떤 허물을 찾고자 했는지 아닌지는 우리가 알지 못합니다. 우리가 연락했을 때 그는 그렇게 말하지 않았습니다. 그는 다만 합당하지 않은 고문이 행해지지 않기를 우리 모두가 희망한다는 점만을 단순히 기억하고 있었습니다. 물론, 그들이 유죄판결을 받을 때 한국의 법에 따라서 처벌받게 되지는 않을 것입니다.

우리가 전해들은 바에 의하면, 조사관이 프랑스 비서관을 지난 밤에 방문했을 때, 비서관은 그에게 그의 군인들(이에 관해서는 편지 말미의 메모를 참조하기 바랍니다)과 포졸들을 불러오라고 요청했으며, 그(비서관)가 공범들을 정의의 심판대에 세우는 것을 보고 싶어했다고 합니다. 이에 대해서 조사관은 처음에는 반대를 했지만 나중에는 군졸들과 포졸들을 불러들이라는 명령을 하였습니다.

우리는 오늘 아침 조사관을 방문했으며 그에게 황실이 관련된 일이고, 군졸들을 파견할 필요가 있으며, 그가 프랑스 군졸들의 출현을 두려워해서는 안 된다는 사실을 강조하면서 그들을 체포하기 위해서 모든 노력을 동원할 필요가 있다는 점을 그에게 부각시키려고 했습니다. 조사관은 말하기를, 만일 싸움이 있을 경우에 빌렘 자신이 어떠한 개인적인 문의를 받게 될 것이 두려우며, 이러한 이유로 그가 망설이고 있다고 말했습니다. 조사관은 만약 그가 거기에 있지 않다면 그는 모두를 체포할 수 있으며, 비서관이 빌렘을 해주로 부르기로 약속했다고 말했습니다.

우리는 오늘 오후에 비서관을 방문해서 존경을 표했습니다. 우리의 대화는 위에서 언급한 내용 외에는 우리가 이곳에 존재하는 이유에 대해서 언급하지 않았습니다. 우리가 그와 어느 정도까지 자유롭게 현안들을 논의할 수 있을까요? 우리는 그가 그 주제를 알아감에 있어서 어느 정도까지 그를 내버려두어야 할까요?

군졸들과 포졸들은 오늘밤에 돌아왔습니다. 그들의 보고에 따르면 그들의 접근이 나팔 소리를 통해 신호로 알려졌으며 높은 언덕 위에 총으로 무장한 남자들이 경계를 서고 있었다고 합니다. 그 남자들은 빌렘이 신호를 내리면 포졸들에게 발포하도록 지시를 받은 자들이었습니다.

그들이 계곡으로 들어가보니 집들은 버려져 있었고 문들은 닫혀 있었습니다. 그들은 붐비는 것처럼 보이는 교회로 갔습니다.

빌렘 신부가 손에 지팡이를 짚고 홀로 나왔다고 합니다. 그는 그들이 왜 왔는지를 물었습니다. 그들은 많은 사람들을 체포하려고 왔다고 대답했습니다. 그는 그들에게 영장을 보여줄 것을 요구했고 그것을 살펴본 다음에 "영장에 적힌 자들은 여기 없으니 나의 영역에서 누구도 체포하지 못할 것이다. 다른 곳에서 그들이 보이면 거기서 체포하라. 자, 이제 떠나라."고 말했습니다. 그들은 그에게 다시 영장을 돌려 달라고 했으나 그는 거부했고 그것을 자기 주머니에 넣은 후에 그들에게 떠나라고 명했습니다.

더 이상 어떤 것도 할 수 없었기 때문에 그들은 "강화된 병력"을 데리고 다시 왔는데 조사관이 그들에게 돌아오라는 명령을 내렸습니다. 이 사건까지 친다면 우리가 이곳에 와있는 동안 빌렘이 탈주자들의 체포를 방해한 것이 적어도 네 번은 됩니다. 여기서 또 한 번 사용된 권리는 외국인의 집과 그 내부에 있는 교회터

또는 현지인의 집에 해당되는 내부 지역에 해당되는 것인데, 한국인 탈주자들이 외국인이 일시적으로 거주하는 곳으로 도피할 경우에 그들을 체포하기는 힘듭니다.

개신교인들의 사건은 연루된 사건들의 아주 작은 일부일 뿐이며 주요 현안은 프랑스의 침해에 대하여 한국 정부의 권위를 유지하는 것이라는 점은 분명합니다. 프랑스의 공직자가 여기 있다는 점이 상황을 상당히 바꾼 것처럼 보입니다. 물론 그는 우리와 같은 사적인 시민들에 비해서 조사관에게 훨씬 더 강력한 영향력을 끼칩니다. 그리고 우리가 비서관과 가지는 관계도 그저 민간 시민으로서 가지는 관계일 뿐입니다. 우리는 이 상황이 한국의 권위를 유지하고 정의를 보장하는데 우호적인 국가의 정규 공직자가 여기 있을 필요를 보증하는지 아닌지에 대하여 질문을 드립니다.

빌렘이 리볼버(작은 권총)로 무장하고 있다는 점은 매우 분명하게 확인된 사실입니다. 포졸들은 그가 한 손으로 총을 쥐고 있는 것을 보았다고 합니다.

존경을 담아

H. G. 언더우드

사무엘 A. 마펫

메모. 조사관은 군졸들이 포졸들보다 훨씬 뒤에 있었고 그들에 의해 이용되지 않았기 때문에, 군졸을 사용했다는 말을 하지 않았고 그것이 전혀 드러나지 않기를 바란다고 말했습니다. 그는 그들을 비밀리에 보냈고, 아직까지도 그가 한 일과 관련하여 '군졸들'이라는 말을 사용한 적이 없습니다.

H.G.U.

S.A.M

해주
1903년 3월 4일

원문 p.272

H. N. 알렌 선생님
미국 공사관, 서울, 한국.

알렌 선생님에게

어제 아침에 우리는 프랑스 측 대표와 두세 신부가 조사관을 방문했다는 소식을 들었습니다. 우리는 그에게 포졸들의 귀환과 관련된 일들에 대하여 간절히 알기를 바랐기 때문에, 프랑스인들이 연락을 취했다는 사실을 알기 전에 이미 서신을 보내서 우리가 언제 연락하는 것이 좋을지를 물어보았습니다.

그는 프랑스인들이 지속적으로 연락해서 집요하고 부당한 요구들을 계속 해대는 통에 완전히 진이 다 빠졌다고 말했습니다. 그리고 그는 오후에 재판들이 있기 때문에 우리와의 연락은 다음날 아침까지 연기될 수밖에 없다고 하였습니다. 우리는 물론 이것에 동의하였고 나중에 그가 시간이 났으니 우리가 즉시 오면 좋을 것이라는 전갈을 받게 되었습니다.

우리는 조사관으로부터 일요일 밤에 테시어 씨가 도착했을 때 그가 청계동으로 파견된 포졸들을 소환할 것을 요구했으며 도망자들을 넘겨주기 위해서 빌렘 신부를 해주로 부르겠다고 약속했다는 것을 알 수 있었습니다. 테시어 씨의 요구에 조사관은 강하게 반대했고 다만 빌렘 신부를 해주로 부를 것을 요청했습니다.

테시어 씨는 포졸들을 소환할 것을 계속해서 주장했으며 마침내 도망자들을 넘길 것을 보장해 주었습니다. 이에 조사관은 동의했으며 포졸들이 죄인들을 데려오기 위하여 조금이라도 체포하거나, 그렇지 않을 경우에도 돌아오라는 귀환 명령을 일요일 늦은 시간에 내렸습니다. 이 명령은 빌렘이 앞서 언급했던 무력의 과시를 보이고 난 후에야 그들에게 전달되었습니다.

조사관은 프랑스인들이 개인적인 상해를 입을 수 있다는 우려로 인하여 전쟁을 벌이는 것에 대하여 경고했으며 이 일이 실제로 벌어질 경우 그의 조국이 책임을 져야 할 수도 있다고 느꼈다고 말했습니다.

그리고 그는 그들이 아침에 방문해서 자신의 죄를 자백한 죄수들의 석방을 집요하게 요구하면서 정의를 무시하고 있다고 말했습니다. 이 죄수들은 법을 어긴 뒤, 무리를 지어 무장하여 저항했으며, 그들을 체포하러 온 포졸들에게 발포를 했던 자들입니다. 조사관은 당연히 이를 심각한 범죄로 보고 있으며 프랑스 정부의 대표들로부터 그러한 요구들을 들었다는 것 자체를 혐오스러워하고 있었습니다. 그는 테시어 씨가 명목상으로는 자신이 정의를 집행하는 것을 돕기 위해 내려왔지만, 부당한 요구들에 있어서는 그 사제보다 더 나쁘다고 말했습니다. 그는 그 죄인들을 석방하지 않았습니다.

우리는 조사관에게 다만 그가 알게 된 사실들에 근거하여 그것을 제시하면서 엄격하게 정의를 집행하기만 하면 되며, 이러한 상황에 처해 있는 조선 정부를 열강들이 도와줄 것이라고 최선을 다해 설득하고 있습니다. 그는 "언제 그들이 그렇게 한 적이 있느냐?"고 물음으로써 만일 이와 같은 심각하고 복잡한 문제들이 발생할 경우 자신의 정부가 아무런 지지도 받지 못한 채로 버려질 것을 두려워하고 있음을 드러냈습니다. 비록 우리가 어떤 약속을 해줄 위치에 있지는 않았지만 열강들이 조선 정부를 지지할 것이라고 그에게 장담하였습니다.

이러한 압력을 견디면서 버틸 수 있는 한국인은 많지 않을 것입니다. 그는 조국을 위한 전쟁에서는 용감하게 싸웠지만 이와 같은 까다로운 상황을 어떻게 다루는 것이 최선일지를 몰라 당황스러워 하고 있습니다.

그때 우리는 게일 씨에게 아래의 전보를 보냈습니다.

한국 해주에서 보낸 전보.
3월 3일 오후 6시 35분.

H. G. 언더우드와 사무엘 A. 마펫 씨로부터 서울에 있는 J.S. 게일 목사님께

빌렘이 다시 한 번 체포를 막았습니다. 우리가 프랑스 비서관과 무슨 관계가 있습니까? 우리가 어떻게 그의 불의한 요구들을 들어줄 수 있겠습니까? 그는 포졸의 소환을 요구했고 그것을 얻어냈습니다. 도망자들을 인계해줄 것을 약속했습니다. 그런데 오늘 그는 죄를 자백한 범죄자들의 석방을 요구합니다. 비서관의 공적 지위에는 책임이 따릅니다. 저는 이곳에 미국 관료가 있었으면

좋겠다고 생각합니다. 패독이 오실 수는 없습니까?

우리가 잘 알지는 못했지만 이런 종류의 전보는 게일 씨에게 가는 것이 더 좋다고 생각했습니다. 이것이 당신을 위한 것이었음을 이해하시리라고 생각합니다. 우리가 패독 씨를 제안한 것은 이 일로부터 놓여나기 위한 것이 아니라, 현재 자신에게 부담을 주고 있는 공적인 압력이 작용한다고 느끼고 있는 조사관과의 대담에서 나온 결과였습니다.

만약 당신이 그가 이곳으로 오는 것이 최선이라고 생각하신다면, 물론 우리는 원하신다면 그를 돕기 위해 이곳에 기꺼이 머무르고자 합니다.

진심을 담아
H. G. 언더우드
사무엘 A. 마펫

해주
1903년 3월 4일, 오후 9시

원문 p.276

H. N. 알렌 선생님
미국 공사관, 서울, 한국.

알렌 선생님에게

우리는 오늘 아침에 당신에게 보낼 편지 한 통을 완성했습니다. 그리고 그 편지의 마지막에 게일 씨를 통해서 당신에게 발송된 전보에 대해 언급했습니다.

오늘 오후에 테시어 씨가 6시 30분에 연락해서 H. G. 언더우드와의 만남을 요청했습니다. 그가 말하기를 우리가 미국 공사관과 소통하면서 그의 행동에 대해 불만을 표했으며 우리의 상호 관계에 대해서 이해하지 못하고 있다는 전보를 플랑시 씨에게서 받았다고 하였습니다. 그가 이곳에 온 이유는 정의가 집행되는 것을 보는 것이며 오직 그것이 전부라고 확언했습니다. 그는 공사관으로부터 오직 공적인 경찰력만이 체포에 사용되어야 한다는 것을 주장하도록 지시를 받았다고 하면서, 여기서 공적이란 말은 오직 제복을 입은 포졸들을 말하는 것이라고 하였습니다. 그리고 그 지시사항에 따르면 법정에서는 모두 정숙해야 하며 여성들과 아이들을 체포해서는 안 된다고 하였습니다.

이에 대해서 언더우드 씨는 지금까지 조사관은 거의 대부분 제복을 입지 않는 특별한 포졸 병력을 사용했으며, 몇몇 경우에는 한국의 관습에 따라서 수배범이 보이지 않을 때 포졸이 그의 아내를 체포했다고 대답했습니다. 조사관은 그들을 항상 석방했으며 이것은 그가 도착하기 전에 실행된 것이었습니다. 테시어 씨는 조사관이 재판을 진행하는 방식에 대해서도 이의를 제기하면서 재판이 너무 시끄러운 소음으로 가득했으며 부적절해 보였다고 주장했습니다. 언더우드 씨는 평리준에서 있었던 재판을 제외하고는 그가 한국에서 참석했던 재판들 중에서 가장 질서정연했다고 답했습니다. 테시어 씨가 제기한 이의에 대해서, 언더우드 씨는 그가 재판에 참석할 수 있었다면 다르게 판단했을 것이라고 말했습니다. 그는 또한 우리가 어떤 설명이 필요할 경우에는 반드시 그를 보아야만 하며 그도 그와 같이 할 것을 제안했습니다. 바로 그때 언더우드 씨에게 당신이 보낸 전보가 전달되었고, 그것을 읽은 후 그는 그것이 테시어 씨를 만나서 협력하는 문제를 언급하고 있다고 말했습니다. 그러자 그는 자신이 비슷한 내용의 서신을 플랑시 씨에게서 받았다고 했습니다.

그는 또한 조사관이 고려하고 있는 과거의 몇몇 판례들을 언급했습니다. 물론 우리는 그가 고려하는 모든 것을 알지 못합니다. 너무 많은 재판들이 있기 때문에 그는 반드시 처리해야만 하는 재판들만을 다루기를 원하는 것처럼 보입니다. 시간이 지난 과거의 사건들이더라도 정의가 구현되지 못한 재판들이 여전히 남아 있다는 것을 기억해야만 합니다.

물론 이제는 우리가 그와 함께 현안들에 대해서 이야기하는 것이 조금 더 쉬울 것입니다.

당신에게 받은 전보의 내용은 다음과 같습니다.

"프랑스 비서관에 대한 당신의 정보는 부정확합니다. 그를 찾아가서 협력하기를 바랍니다. 불신을 방지하시기 바랍니다. 프랑스인이 연루되어 있기 때문에 그가 거기에 있는 것이 필요합니다. 어떤 미국인도 직접적으로 연관되어 있지 않습니다. 당신이 저항할만한 일은 없습니다. 비공식적으로 통역을 도우면서 당신을 따르는 사람들을 돕기를 바랍니다. 그리고 보고해 주시기 바랍니다."

우리는 위에서 언급된 아침에 쓰여진 편지가 우리의 전보가 근거했던 정보에 관해서 잘 설명해 주고 있다고 생각합니다. 만약 우리의 정보가 잘못되었다면 그 이유는 오직 비서관을 위해서 조사관에게 통역을 해주는 사람이 정확하게 통역을 하지 않았을 경우에만 그럴 수 있습니다. 우리가 이해한 바로는 그 시간동안 일부는 서울에서 온 한국인 통역자가 통역을 담당했으며, 어떤 때는 두세 신부가 통역을 하였는데, 서울에서 온 한국인은 프랑스어를 잘 이해하였고 두세 신부는 한국어로 완벽하게 대화가 가능하기 때문에 그 정보가 잘못되었다고 생각할 근거는 확실히 없어 보입니다.

당신이 우리에게 보낸 전보는 플랑시 씨가 테시어 씨에게 보낸 전보와 같은 시간에 도착했습니다. 그것은 상호소통을 위한 길을 열어주었으며 우리의 관계를 규정했습니다. 우리에게 조사관은 가능한 피고인들을 석방할 준비가 되어있는 것처럼 보였지만, 그가 그들의 범죄를 자백하는 사람들을 유죄로 판결하는 것 외에 할 수 있는 일은 없어 보입니다. 그들은 전에 언급한 자들에 더해서 몇 명의 천주교인들을 며칠간의 구류 후에 석방했는데, 그들은 다만 경범죄를 지은 자들이었고 우리의 사건들과 연관된 자들은 아니었습니다.

우리는 프랑스인들이 한국의 일상적인 방식의 체포와 재판을 진행하는 방식에 대해서 고문이나 협박이 없는 경우에도 왜 반대를 하는지 잘 모르겠습니다. 방금 우리가 조사관의 수석 비서관으로부터 들은 바로는, 어제 조사관이 외무부에 전보를 보내서 이곳에 있는 프랑스 비서관에게 다음의 요구 사항들을 주장할 수 있는 권한이 주어졌는지를 확인해달라고 했다고 합니다. 프랑스 비서관이 요구하는 내용들은 다음과 같습니다: 1. 포졸들을 소환할 것, 2. 죄수들을 석방할 것, 3. 보석금을 수령할 것, 4. 처벌을 경감시켜줄 것, 5. 감옥에 대한 점검을 허락할 것.

그러자 외무부에서는 프랑스 공사의 요청에 따라 그러한 권한이 주어졌다는 대답이 왔습니다.

조사관은 이것이 사실이라면 프랑스 비서관을 재판관으로 만든 것과 같기 때문에 자신이 여기 있을 필요가 없다고 말했다는 것이 전해졌습니다.

우리는 아침에 그를 방문할 계획이며, 가능하면 전보들의 사본들을 확보해서 다음 우편 때 당신에게 보낼 계획입니다. 만약 대담의 결과가 중요한 내용이라면 당신에게도 그것을 전보로 알리겠습니다.

조사관은 그의 일을 유능하게 처리하며 매우 공정합니다. 그의 유일한 어려움은 프랑스 사제들이 체포를 방해하고 있다는 것입니다. 만약 지금 프랑스 비서관에게 누가 처벌을 받아야 하는지를 결정할 권한이 주어졌다면, 한국 정부가 프랑스인들에게 굴복한 것인데 조사관이 무슨 소용이 있겠습니까?

사건들 중 많은 경우는 프랑스 신부들이 아니라 천주교인들이 유죄인 것처럼 보입니다. 물론 처벌이 너무 심하거나 부당하다면 비서관은 합당하게 항의할 수 있습니다. 지금 여기서 문제가 되는 것은 한국인 조사관과 프랑스인 비서관 중에서 누가 판결을 하느냐는 것이 아니라, 누가 죄의 경중과 합당한 처벌을 결정할 것인지에 대한 것입니다.

불법자들과 백성들에게 범해진 가장 잔인한 행위들에 대한 증거가 날마다 쌓여가고 있습니다.

존경을 담아

H. G. 언더우드

사무엘 A. 마펫

추신. 우리의 서신을 다시 읽다가 다음 날 테시어 씨가 우리의 첫 번째 부름에 응했다는 사실을 언급하는 것을 누락했다는 것을 알았습니다. 그러나 그때는 우리가 여기에 있는 이유에 대한 주제에까지 대화가 이르지는 못했습니다.

해주

원문 p.281

1903년 3월 5일

H. N. 알렌 선생님
미국 공사관, 서울, 한국.

알렌 선생님에게

우리는 오늘 이른 아침에 빌렘 씨가 어젯밤에 해주에 도착했다는 소식을 들었습니다. 나중에서야 우리는 그가 도망자들 중의 한 사람이자 우리가 2월 11일자 편지에서 언급했던 안태건이란 자를 데려왔다는 것을 알게 되었습니다. 아시다시피 그에 대한 체포 시도가 해주에서 있었으며 그를 체포하려던 포졸들 중 한 사람이 사제들에게 구타를 당하는 일이 있었고, 신부가 그를 재판에 출석하게 하겠다고 약속을 했음에도 불구하고 재판에 나타나지 않았습니다. 그는 김윤오 사건과 여러 다른 사건들의 주범이며 아직 당국에 인계되지 않았습니다. 현재 다른 이들은 도주한 상황이며 그들이 며칠 안에 소환될 것이라는 의견이 있습니다.

우리가 어제 보낸 편지의 내용에서 말씀드렸듯이 우리는 조사관에게 서신을 보내서 외무부의 전보들에 대한 소문을 확인할 수 있도록 대담을 요청했습니다. 조사관은 프랑스인들이 또 다시 방문하는 것을 원하지 않기 때문에 우리가 표나지 않게 조심스럽게 올 수 있다면 기꺼이 만나겠다고 하였습니다.

언더우드 씨가 가보니 조사관은 큰 근심으로 가득 차 있었습니다. 그는 단순하게 소문의 전보들에 대해서 물었습니다. 처음에 조사관은 그의 말이 권위를 가지고 프랑스인들에게 인용될 것이 두려워서 말을 꺼내는 것을 주저했습니다. 언더우드 씨가 소문들에 근거해서는 아무 것도 할 수 없으며 미국 공사가 우리의 진술에 대한 근거를 알아야만 한다고 말하자, 그는 이것이 우리와 미국 공사에게 알려지는 것은 신경쓰지 않지만 내용이 누설되는 것은 원하지 않는다고 분명하게 말했습니다. 그가 말하기를, 전보들이 오갔으며 프랑스 공사가 비서관의 권한에 대해서 주장한 내용이 외무부로부터 그가 들었던 내용과 단순히 일치하지는 않는다고 했습니다,

그러나 그는 요구에 응할 생각이 없으며 실제적으로 프랑스 비서관을 재판관으로 만들게 되는 꼴이 되어버리기 때문에 그에 동의하기보다는 자신이 사임하겠다는 단호한 의지를 보였습니다.

이후 언더우드 씨는 조사관의 수석 비서관과 사무원들이 있는 조사관의 야외 사무실에 갔습니다. 그는 여기서 보내졌던 전보의 사본 하나를 확보했습니다. 당신은 그의 다섯 가지 요구들이 (1) 재판 참석 (2) 포졸들의 소환 (3) 감옥들의 점검 (4) 보석금의 수령 (5) 처벌의 공표라는 것을 알 수 있을 것입니다.

조사관이 우리에게 죄수들의 석방이 요구되었다고 말해 주었음에도 불구하고 이 전보에서는 언급이 되어 있지 않다는 점에서 우리가 한 편지에서 말했던 내용이 수정된 것을 당신은 알 수 있을 것입니다.

외무부의 응답은 다음과 같았습니다: "우리는 프랑스 공사에게

문의를 했으며 그는 프랑스 비서관이 이러한 권한을 가지고 있다고 합니다."

비록 이 내용이 외무부가 이러한 권한을 부여했다고 말하고 있지는 않지만, 그러한 권한을 부여하기를 거부하겠다고 명시하고 있지도 않았기 때문에 조사관은 큰 근심에 빠져 있었습니다.

대화 중에 그의 수석 비서관은 조사관이 굴복하지 않을 것이지만 지속적이고 집요한 요구들이 그를 상당히 근심스럽게 만들고 있으며 그가 이곳에 왔을 때부터 건강이 좋지 않아서 견뎌내기 힘들 것이라고 말했습니다.

우리는 그때 당신에게 다음 내용의 전보를 보냈습니다.

대한제국전보 司
전보 43번 클래스 P 53단어
해주
1903년 3월 5일
알렌, 서울

정보는 확실히 정확해 보입니다. 다음에 오게 될 편지를 보시기 바랍니다. 우리의 정보 출처에 대해서 함구하시기 바랍니다. 편지에서 전보와 관련된 소문은 확인되었지만 수정이 필요합니다. 여기서 주장된 두 번째 요구사항은 전보에서 생략되었는데, 프랑스 공사의 대답은 국가의 비서관은 그러한 권한을 가지고 있다는 것이었습니다. 조사관은 재판 참석과 감옥 점검 외에는 그것을 따를 것을 확고히 거절하고 있습니다.

언더우드, 마펫

요구들의 숫자표기가 조사관의 전보에서의 표기와 다릅니다. 그러나 우리의 전보에서 언급된 "두 번째 요구사항"은 우리의 지난 번 편지에 언급된 두 번째 사항(죄수들의 석방)을 말하는 것이며 이것이 당신이 파악할 수 있는 사실의 전부입니다.

우리가 위의 전보를 보내자마자, 조사관의 수석 비서관은 우리 쪽 사람을 보내달라고 연락을 했습니다. 그가 곧 돌아와서 보고하기를, 프랑스 비서관이 두세 신부와 함께 그들의 요구사항들을 또 다시 주장하기 위해 조사관을 방문했으며, 조사관이 수락하기를 거부하자 프랑스인들은 "당신은 외무부의 명령을 거부할 생각입니까?"라고 말했다고 합니다. 이에 대해서 조사관은 자신은 황실의 조사관으로서 외무부의 명령이 아니라 왕의 명령을 따르는 자라고 대답했다고 합니다.

프랑스 비서관은 서울로 전보를 보내서 이 조사관이 병 들었으며 외무부의 명령을 들을 생각이 없으니 다른 조사관이 파견되어야 하며 프랑스 공사가 왕의 명령을 받을 수 있게 조치를 해달라고 했습니다.

물론 이것은 단지 소문일 뿐이지만 기록할 가치가 있다고 생각합니다. 나중에 우리 쪽 사람이 조사관의 사무실에 다시 갔다 와서 조사관이 질병을 이유로 사임하겠다는 뜻을 전보를 통해 서울로 보냈음을 알려주었습니다.

깊이 생각해 본 후 우리는 그것이 잘못된 것이라고 여겼기에 즉시 당신에게 보고를 하기 위해 다음 내용의 전보를 보냈습니다.

대한제국전보 司
전보 50번 클래스 B 27단어
해주 1903년 3월 [5]일
알렌, 서울

조사관은 프랑스인들의 요구에 상심이 가득 차 있으며 정부의 지지를 받을 가능성을 의심하고 있습니다. 그것 때문에 조사관은 사임을 전보로 알린 것입니다. 만약 그러한 사임이 수락될 경우 일의 처리가 지연될 것이고 아마도 한국 정부가 패배하게 될 것입니다. 그는 정부의 지지를 받을 가치가 있습니다.
언더우드, 마펫

현재 우리는 상황은 엄중하며 이곳에 있었던 사람이 당신에게 직접 보고를 드리는 것이 서신들 보다 더 나을 수 있으며 아마도 그것들을 보완할 수 있다고 느낍니다. 우리는 동시에 우리 중 누구도 이와 같은 시점에서 떠나는 것은 옳지 않다고 느끼기에 게일 씨에게 전보를 보내어 다음 배를 타고 여기로 내려와서, 이곳에서 일요일을 지내고 돌아가서 월요일에 당신에게 직접 보고해 달라고 요청했습니다.
우리는 그가 그렇게 할 것이라고 생각합니다.

존경을 담아

H. G. 언더우드

사무엘 A. 마펫

해주
원문 p.286

1903년 3월 6일

H. N. 알렌 선생님에게
미국 공사관, 서울, 한국.

알렌 선생님께

오늘 이른 아침, 조사관 사무실에서 외무부로부터 새로운 보고를 받았다는 연락이 왔습니다. 외무부는 조사관이 단지 다음의 내용에 주의를 기울이기를 바랐습니다. 곧 그에 따르면 프랑스 공사가 비서관이 이러한 권한들을 가지고 있다고 주장하고 있지만 외무부가 그러한 권한을 인정해 준 것은 아니라는 것입니다. 이것은 정부의 태도에 대한 조사관의 마음을 상당히 안심시켜 주었습니다.

얼마 지나지 않아서 그 프랑스 비서관이 먼저 조사관을 방문한 뒤 우리를 방문했습니다.

그는 어제 외무부에 복종하기를 적극적으로 거부하면서 오직 황실의 명령에만 복종할 것이라고 말하는 조사관으로 인하여 어려움을 겪었다고 말했습니다. 그는 또한 그가 즉시 플랑시 씨에게 전보를 보내서 조사관이 병중에 있으며, 외무부의 명령을 따르길 거부했고, 왕실의 명령이 필요하다고 말했다고 했습니다. 그는 우리에게 이 사람을 안도하게 해달라고 요청한 적이 없다고 말했습니다. 그는 또한 다른 사람이 필요할 것이라고 넌지시 알렸습니다.

이것은 우리가 3월 5일 편지에서 언급했던 소문을 확증해 주는 것입니다.

매우 놀랍게도 그는 우리에게 그가 플랑시 씨에게 오늘 아침에 받은 전보를 보여주었습니다. 그 전보에는 그에게 조사관에게 반대하지 말고, 어떠한 대가를 들여서라도 그에게 그 사건을 공정한 방식으로 해결하라고 명령하고 있었습니다. 그는 또한 그가 가진 정보력으로 알아낸 바에 따르면 한국 천주교도들이 김윤오 사건과 신환포 사건 모두에서 커다란 범죄를 저질렀으며, 만약 그것이 사실로 입증될 경우 그들이 반드시 엄격하게 처벌을 받아야할 것이라고 스스로 주장했습니다.

우리는 이것이 사건들이 빠르게 해결되는 것을 실질적으로 도울 수 있기를 희망합니다.

널리 알려진 바에 따르면 빌렘 신부가 군수와 조사관을 제거하려고 하고 있으며 전국의 천주교인들이 이것을 자랑하고 다닌다고 합니다.

우리는 여기에 또 다른 강도질을 이끈 천주교인 우두머리에 대한 (개신교도가 아닌) 한 한국인의 불평이 적힌 내용을 동봉합니다. 그 우두머리는 체포되었고 천주교인들은 그를 석방하도록 하기 위해 모였습니다. 포졸들은 꾀를 내어 그들을 피할 수 있었고 그 죄수를 해주로 데리고 왔습니다.

조사관의 심문 때 그 죄수는 모든 것을 철저하게 자백했으며 증거는 반박의 여지가 없었습니다. 그 죄수가 철저하게 자백한 이유는 그것이 자신의 형량을 줄일 수 있는 최선의 수단이었기 때문입니다. 그러나 그는 자신의 죄가 모두 신부(김이라고 불리는 한국인)의 탓이며 그 신부의 지시에 따라 모든 범죄를 저질렀고 그가 훔친 토지 증서들을 그 신부에게 주었다고 말했습니다.

그는 결코 영향력이 적지 않은 자로 알려져 있으며 모든 지방에서 가장 꾀가 많고 영리한 우두머리입니다.

(개신교인이 아닌) 또 다른 사내의 불미스러운 사건이 서흥이라는 고을에서 있었습니다. 이 사건은 부녀자 납치, 강도, 고문 사건으로서 여기에 동봉된 11번 항의서에 기록되어 있습니다. 우리가 여기에 보낸 사건들은 가장 심하고 광범위한 사건들 중에서 다만 일부일 뿐입니다.

존경을 담아
H. G. 언더우드
사무엘 A. 마펫

해주

원문 p.289

1903년 3월 9일

알렌 선생님
미국 공사관, 서울, 한국

알렌 선생님에게

7일 토요일 정오에 프랑스 비서관은 조사관을 두 차례 방문하여 그에게 서울로부터 명령을 받았느냐고 물었고 탈주자들을 넘길 준비를 하도록 재판을 여는 것을 월요일까지만 기다려달라고 요청했습니다. 그러자 조사관은 빌렘 씨가 이곳에서 이틀 동안 있었음에도 불구하고 탈주자들 중에서 어느 한 사람도 그에게 넘기지 않은 것에 경악스러움을 표했습니다. 테시어 씨는 만약 자신이 그를 다른 사람들에게 넘겨주어 그들이 도중에 도망가거나 체포가 연기될 것 같으면 일요일 저녁에 안태건을 넘겨줄 것이라고 약속했습니다.

토요일 저녁 조사관은 언더우드 씨에게 비공식적으로 들어와 달라고 요청했습니다. 그는 사임에 대해 아무런 회신을 받지 못했으며 그가 어떤 말을 들었는지 알고 싶어 했습니다. 긴 면담을 통해 그는 테시어 씨의 요구에 관해서 세심한 주의를 기울였으며 우리가 당신에게 썼던 모든 일들을 확실하게 확인해 줄 것을 약속했습니다. 언더우드 씨가 아직 그곳에 있는 동안 왕께서 그에게 비록 아프더라도 그의 힘이 허락하는 한 조사를 진행하라고 명하셨다는 전보가 도착했습니다.

오늘 아침 우리가 어젯밤 도착한 게일 씨와 이야기를 나누고 있을 때 고을 원님의 공관으로부터 우리 쪽 사람이 와서 조사관이 테시어 씨에게 서한을 보내 약속한 시간이 지났음에도 불구하고 그 사람들을 넘겨주지 않았다는 이유로 그를 책망했다는 것, 포졸들과 수사관들이 체포를 위해 다시 보내졌다는 것 그리고 조사관이 동봉된 전보를 외무부로 보냈다는 정보를 전해 주었습니다.

여기에 첨부된 내용은 다음과 같습니다: "프랑스 비서관이 포졸을 소환하고 8일까지 죄인들을 넘겨준다고 보장했지만, 단 한 사람도 넘겨주지 않았으며, 우리를 속이고 약속을 어겼습니다. 테시어와 빌렘을 소환하고 군졸들을 보내 청계동의 군중들을 해산할 것을 요청합니다. 즉시 대답해 주시기 바랍니다."

또한 어제 안태건을 체포하기 위해 청계동으로 포졸 두 사람이 파견되었다는 것과 빌렘이 그곳에 없었으며 포졸이 다른 사제를 만났고 그가 물러갈 것을 명령했다는 소식이 전해졌습니다.

우리는 테시어 씨가 어제 군수를 불러 평산 마을에 있는 로마가톨릭 신자들을 체포하기 위해 그가 군졸을 보낸 것에 반대했다는 것을 같은 소식통을 통해 알게 되었습니다. 군수는 그의 포졸들로부터 죄인들을 빼앗겼기 때문에 실제적인 체포를 위해 군졸들을 의지하게 되었다고 답했습니다. 이 군졸들은 이곳에서 전적으로 승인되어 군수의 지휘 아래에 놓이게 되었습니다. 군수는 자신이 보낸 군졸에 대한 소환을 거부했으며 그들이 만약 잘못을 하면 처벌을 받을 것이라고 하였습니다. 테시어 씨로부터 만일 충돌이 발생한다면 그가 책임지겠다는 말을 들었을 때 군수는 한국인들 사이에서 발생할 수 있는 어려움을 돌보고 해결하는 것은 본인의 소관이라고 답했습니다. (나중에 우리가 조사관과 대화할 때 그는 군수와 테시어 씨 사이에 있었던 위의 대화의 내용에 대하여 확인해 주었습니다.)

불과 몇 분 후 테시어 씨는 안태건의 지난 밤 도피 소식을 전한 조사관과의 대담을 마쳤으며, 그가 인계하기로 약속했던 청계동의 안태건이 달아났다고 말했습니다.

우리는 이 대화 과정에 주목하고자 합니다. 테시어 씨는 그가 올라갔을 때 안태건에 대해 그를 서울로 데려가라는 플랑시 씨의 지시를 받았다고 언급했습니다. 또한 테시어 씨는 그 약속을 이행하지 못한 것에 대해 조사관이 그를 꾸짖었고, 조사관에게 이제 그가 어떻게 해야 하느냐고 물었을 때, 조사관이 대답하기를 "더 이상 당신에게 할 말이 없소"라고 했다고 우리에게 말했습니다. 그는 이 상황을 플랑시 씨에게 전보로 보냈고 피고인들이 부재하더라도 이 사건에 대한 재판을 승인하는 명령을 그에게 확보하도록 권고했다고 하면서 우리에게도 같은 요청을 할 것을 촉구했습니다.

대답하기를, 우리는 신속한 재판을 원하고 이것을 이전에도 조사관에게 요청했지만 그는 지도자들 중에서 적어도 한 두 명은 있어야만 한다고 말했다고 대답했습니다. 우리는 또한 그 결정은 조사관에게 달려 있다는 생각을 전했습니다.

우리는 즉시 청계동의 포졸과 메이 신부에 대한 보고를 확인한 조사관을 불렀고, 그는 테시어 씨와의 대담에 대해 자세히 설명해 주었습니다.

조사관은 도피 당시 프랑스인들이 보여준 명백한 관심 부족에 대해 깊은 분노를 표시했고, 외국인들이 수치심 없이 이런 식으로 행동하는 것이 가능한지를 물었습니다.

게일 씨가 돌아가면 위의 대담과 관련해 주의를 끄는 세부사항을 당신에게 알려드릴 수 있을 것입니다. 우리는 당신에게 아래와 같은 전보를 보내는 것이 최선이라고 여겼습니다.

대한제국전보 司
전보 83번 클래스 C 43단어
해주 1903년 3월 9일 오전 1시 50분
알렌, 서울

테시어는 주범을 인계하기로 약속하는 방식으로 그를 체포하지 못하도록 사흘간 방해했으며, 어제 그가 탈주하는 것을 방조하였습니다. 현재 청계동은 메이 사제가 점거하고 있는 것으로 보이며, 테시어는 확실한 명령 이전에 피고들이 게일에 의한 세부 사항들을 기다리고 있음에도 불구하고 즉각적인 재판을 승인하는 명령을 요청하고 있습니다.
언더우드, 마펫

당신이 이를 틀림없이 받으셨을 것으로 생각합니다.

존경을 담아

H. G. 언더우드

사무엘 A. 마펫

해주

1903년 3월 12일

H. N. 알렌 선생님
미국 공사관, 서울, 한국

알렌 선생님에게

9일 편지를 당신에게 보낸 이후로 우리는 범인들 중 몇몇이 체포되기를 기다리고 있습니다. 어제 신환포에 있는 로마 가톨릭 교회의 지도자들 중 하나인 김병호가 와서 스스로 항복했고, 같은 장소에서 박재환이 사로잡혀 끌려왔습니다. 이들 중 김병호는 이 지역 여러 고을 군수들과 사람들 사이에 적지 않은 영향력을 가지고 있는 한 친척이 있습니다. 그는 조사관의 주임 비서관 및 다른 이들과 거의 매일 상의하며 한동안 이곳에 머물렀습니다. 또 다른 친척은 며칠 전에 거액을 들여온 것으로 보고되었습니다. 이 친척들이 그가 결국에는 붙잡힐 것이 확실하지만 처벌은 가벼울 것이므로 자수하라고 권고하는 내용의 편지를 그에게 보냈다고 현재 알려져 있습니다.

오늘 아침 오후 1시 반 재판에 한 사람의 참석자를 요청했다는 소식을 들었습니다. 우리가 출석했을 때 두세 신부와 테시어 씨, 그리고 통역자 이효관을 보았습니다. 현재 재판을 받고 있는 사람은 신환포 사건의 주범 중 두 사람입니다.

그들의 혐의는 상당히 길게 낭독되었고 김병호는 그가 무슨 말

106 언더우드 선교사의 미국무부재외공관문서 편지

을 해야 하는지 요구받았습니다. 그는 마펫 선생님의 10월 22일 편지에 언급된 것처럼 9월 23일 자기보다 4명의 남자들이 앞서 왔다는 것에 대해서는 인정했지만, 자기는 단지 다른 이들과 함께 온 이치복의 포박을 명령했을 뿐이라고 주장했으며, 그들 중에서 어느 누구도 구타하거나 감금하지 않았다고 했습니다. 그는 가톨릭 교회에 대한 기부를 그들이 거절하자 돌려보냈다고 말했습니다. (한 천주교인의 이전 증언이 이 문제에 대한 개신교들의 증언을 확증해 주었습니다.)

그는 예전에 그의 요청으로 여러 마을 사람들이 교회의 기초를 마련하는 것을 도왔다는 것은 인정했지만, 강제로 그렇게 한 적은 없다고 부인했습니다. 한 개신교 신자인 황덕영은 협박을 받아서 어쩔 수 없이 도왔다고 진술함으로써 이에 반박했습니다. 이에 김병호는 천주교인 외에 다른 이들에게는 교회를 짓기 위한 돈을 내도록 강요한 적이 없다고 부인했습니다. 그는 (예전에 서울로 보내진) 김희주에 의해 발급된, 서명되고 봉인된 문서에 대해 질문하자, 이는 그가 지도자가 아닌 다른 교회와 관련된 일이며 그에 대해서는 말할 수 없다고 했습니다.

그는 체포에 두 번 저항한 것을 인정하면서, 그렇게 함으로써 자신이 죽어 마땅한 범죄를 저질렀다는 것을 알았지만 체포되면 처형당할까 두려워 그렇게 했다고 말했습니다. 그러나 결국 그는 자수하기로 결정을 내렸습니다.

그는 60냥(한화 12달러)을 받았다는 사실은 인정했으나 강탈했다는 사실은 부인했고, 그것이 최라는 기독교인으로부터 받은 것이라고 주장했습니다. 그때 최가 김에게 진 빚이 60냥보다 더 많았다는 것을 보여주는 증서를 최의 아버지가 그에게 가져오자, 그는 왜 그런지 모르겠다고 말했습니다.(최의 아버지는 그가 고문을 당해서 강제로 줘야 했다고 말합니다.)

그는 다른 두 가지 혐의를 부인했는데 그중 하나는 개신교인이 매입한 농지의 권리를 빼앗아 판 것입니다. 또 그는 한 개신교인이 체포되었던 집에 자신이 있었다는 것은 인정했지만 이 개신교인이 폭행을 당했다는 사실은 부인하고 있습니다.

박재환은 출석하는 동안 위의 모든 증언을 듣고 거의 동일한 시인과 부인을 했지만, 마지막으로 언급된 사건에서 그가 그 집에 있었으며 개신교인들이 구타를 당하는 것은 보았다고 인정했지만 개인적으로 어떤 부분에도 관여하지 않았다고 말했습니다.

체포에 대한 저항과 관련한 그의 진술은 포졸들에 의해 확인되었고 2월 21일의 편지에 인용되었습니다. 포졸에게 이 돈을 요구한 이유가 무엇이냐는 질문에 그는 사제들이 그를 불러서 체포에 저항하는 데 든 비용을 묻고 포졸들에게 그것을 받으라고 했다고 말했습니다.

그때 그는 1250냥(한화 50달러)을 요구했지만 나중에 신부가 돈을 받지 말고 그들을 보내라는 말을 전했을 때 그들을 놓아주었습니다.(이 일이 재령 고을 군수의 중재로 이루어진 것임은 기억할만한 사실입니다.)

우리는 빌렘 신부가 체포 명령을 받은 사람들 중 몇 명을 데리고 다시 청계동으로 갔다는 소문을 서로 다른 두 원천으로부터 방금 들었습니다.

존경을 담아
H. G. 언더우드
사무엘 A. 마펫

해주
1903년 3월 13일

원문 p.297

H. N. 알렌 선생님
미국 공사관, 서울, 한국

알렌 선생님에게

빌렘 신부에 관한 소문은 통역자에 의해 확인되었습니다. 조사관은 우리에게 통역자가 그에게 빌렘 신부가 청계동으로 돌아가는 것에 대해 테시어 씨와 이야기하고 있다고 말했다는 것을 밤에 전해 주었습니다. 이 사건은 테시어 씨에 의해 조사관에게 빌렘이 프랑스의 명령을 무시하지 않을 것이라는 장담이 있음에도 불구하고 일어났습니다.

오늘 재판에서 8명이 증언했으며 그들은 모두 고소인이었습니다. 모든 이들의 증언은 이전에 제기된 모든 혐의들을 확증해 주었습니다. 그 증언은 이전보다 더욱 분명해졌습니다.

그들은 구타에 대해 가장 확실하게 증언했고 어제 편지 두 번째 장에서 언급했듯이 당시 천주교인들에게 마지막으로 불려온 사람이 이치복이라는 것을 알려주었기 때문에 나머지 세 사람이 단순히 이치복을 "따라왔다"는 것은 있을 수 없는 일입니다. 이 증언은 무엇보다 명백하게 구타에 관한 것일 뿐 아니라 그에 대한 김병호와 박재환 두 사람의 실제적인 참여에 관한 것입니다.

그들은 또한 교회 설립 준비를 위한 작업에 강제로 동원됐고,

사람들이 그 일을 위해 와서 돕는 일을 명하기 위해 70개가 넘는 마을에 선언문을 보냈다고 증언했습니다. 신환포 교회의 다른 이들의 이름들도 넘겨졌고, 개신교인들이 고문에 굴복했다면 더 많은 사람들이 강탈당했을 것임이 밝혀졌습니다.

김병호의 체포와 저항 그리고 죄인들의 최종적인 상실을 보고한 포졸들이 불려 나왔습니다. 그들은 죄인들 앞에서 이전의 진술을 되풀이했습니다.

{최종신의 형제는 80세가 넘은 그들의 아버지가 돈을 바로 마련하지 못할 경우 구타를 당할 것이라는 협박을 받았고, 이후 60냥을 빼앗겼다는 진술로 최종신의 증언을 뒷받침했습니다.} (이 내용은 법정 밖에서 한 증언이므로 여기에 기록되어서는 안 됩니다.)

토지 매각과 관련해서 김병호가 개신교인들로부터 땅을 빼앗아 오라는 (오직 현령에 의해서만 공식적으로 발급되는) 공식 명령을 내렸고, 이후 그가 그들 중 일부를 팔았다는 것을 세 사람이 증언했습니다.

구타가 전혀 없었다고 증언하는 박재환과 김병호 앞에서, 구타를 당했던 사람들 가운데 이채환은 김병호의 제안에 따라 김병호와 박재환 앞에서 (아직 체포되지 않은) 박응녹에 의해 맞았다고 증언했습니다.

김필신은 목격자들 중 한 사람입니다. 그의 고소인은 12번 서류와 함께 이곳으로 보내졌습니다. 그는 습격으로 인해 신환포에서부터 도망쳤던 두 명의 개신교 여인들과 동행했고, 신환포로 돌아갔다 결국 붙잡혀 그들의 집에서 박재환과 김병호의 아들 김기찬에게 고문을 당했습니다. 이때 김병호는 8명의 개신교인들을 포박했던 자들을 청계동으로 데리고 갔기 때문에 그곳에 없었습니다.

현병준은 9월 23일(마펫의 편지 CT 1쪽과 C 5쪽을 보시기 바랍니다)에 4명의 개신교인들이 그 앞에 끌려가서 구타당했던 6명의 남자들 중 한 사람으로 감금과 구타는 김병호의 명령이었다고 자백했습니다.

평산군과 서흥군의 관리들이 천주교인들을 엄하고 부당하게 다룬다는 소문이 우리에게 전해졌을 때 우리는 이를 조사관에게 언급했고, 그 역시 이 소문을 듣고 서흥 군수에게 편지를, 평산군의 관리에게는 구두로 그 종교를 금하거나 사람들에게 부당하게 대하지 말라는 경고를 했다고 했습니다.

3월 9일 화요일 아침 로마 가톨릭 교회 마당에서 나무 더미가 불 탈 때 재령시에서 그 교회의 여러 문들이 뜯겨 나가고 불태워진 것은 보복에 의한 것이라고 합니다: 하나는 이곳으로 보내진 포졸들과 군졸들에 의한 것이고, 다른 하나는 포졸들과 군졸들에 맞서 그들을 비난하기 위해 천주교인들이 스스로 한 것입니다.

테시어 씨는 이 사실을 프랑스 공사에게 전보로 알렸고, 우리는 서울로부터 테시어와 통역자 이효관에게 재령으로 가서 조사하라는 명령이 내려졌다고 들었습니다.

존경을 담아,

H. G. 언더우드

사무엘 A. 마펫

해주
1903년 3월 16일

H. N. 알렌 선생님
미국 공사관, 서울, 한국.

알렌 선생님에게

그 재판은 두세 신부와 이효관(교회 통역자) 그리고 우리가 참여한 가운데 토요일에 계속되었습니다. 이때 12일과 13일에 보내드린 우리 서신에서 언급된 바와 같이 전날 심문을 받았던 두 피고인 김병호와 박재환은 고소인들의 입회하에 조사관으로부터 대질 심문을 받았습니다.

먼저 박재환이 심문을 받았습니다. 그는 9월 25일 사건에 대한 지도자로서 그들이 잘 알려져 있다는 고소인들의 진술에 대하여 고소인들이 학대를 받았다는 것을 처음으로 마지못해 시인했습니다. 어떤 학대를 받았는지 조사관이 묻자 아마도 그들이 매를 맞았을 것이라고 대답했고 종국에는 그들이 군중들에 의해 구타를 당하고 거칠게 다뤄졌다는 것을 인정했지만 개인적으로는 그 일에 관여하지 않았다고 대답했습니다.

이전에 그는 12월 31일에 고문을 당했고 그것이 박재환의 명령에 의한 것이라고 주장하는 김필신에 대해 알지도 못하고 들어본 적도 없다고 진술했습니다. 그러나 김필신과 그가 마주하게 되자 자신이 그를 알고 있었다는 사실을 인정해야 했습니다. 하지만 1

월 28일 전까지 3개월 동안 아파서 집밖으로 나갈 수 없었고, 1월 28일이 비로소 집밖으로 처음 나올 수 있었다고 주장함으로써 자신의 알리바이를 입증하고자 했습니다.

이에 조사관은 날짜를 비교해가며 그가 이채환을 구타한 후 재령에 다녀온 것 그리고 이채환을 구타한 날짜와 그가 지금 진술대로 외출할 수 있었던 첫날은 그로부터 3주 전인 1월 9일이라는 것을 증거로 내세웠습니다. 그는 그제야 그 날짜에 약을 구하기 위하여 재령시(왕복 10마일)로 나갔던 것을 기억한다고 대답했습니다. 조사관은 그가 만약 기억을 조금 더 되살려본다면 12월 31일의 사건에 대해서도 어느 정도 기억할 수 있을 것이라고 말했습니다.

김병호는 오랫동안 혐의를 강하게 부인하며 9월 23일에 어떤 구타도 없었다는 것을 고수했습니다. 그는 구타를 당한 네 사람과 천주교 신자로서 약간의 다툼이 있었다는 것을 먼저 인정했고 결국에는 아마도 몇몇 구타가 있었다는 것을 인정했던 박재환 및 현병준의 진술에 직면했을 때에도 그것에 대해 전혀 알지 못한다고 진술했습니다.

테시어 씨의 요청으로 포졸이 소환된 후 조사관은 테시어 씨가 범인을 넘겨주기로 약속한 날인 지난 월요일까지 포졸을 보내지 않았습니다. 그가 약속을 지키지 않은 것이 드러난 이후, 조사관은 포졸들과 함께 이들을 지원하는 군졸들을 보내어 느리지만 꾸준하게 체포에 성공했고, 지난 한주 동안 신환포와 관련된 여섯 명을 체포했습니다. 하지만 청계동과 관련해서는 아무도 체포하지 못했습니다. 빌렘이 한국어로 메이 신부라는 또 다른 프랑스인을 데리고 왔으며 지금 빌렘은 돌아갔습니다. 이달 토요일 오후 5시에 중복된 당신의 전보가 우리에게 도착했으며 이는 다음과 같습니다.

"프랑스 공사관이 테시어 씨와 빌렘 씨를 소환했습니다. 저는 당신도 떠나시기를 바라며, 조사관이 2주 안에 수사를 빠르게 종료하도록 알려주시기 바랍니다."

테시어 씨와 빌렘 씨는 떠났지만 두세 신부는 재판에 참석하기 위해 여전히 이곳에 있을 것입니다. 만일 그가 함께 떠나지 않는다면 천주교인들에게 자신들이 유리하다는 인상을 줄 수 있습니다. 우리는 테시어 씨와 빌렘 씨가 떠난 상황에 주목할 것이며, 당신의 바람에 따라서 두세 신부가 떠나는 것을 기다리라는 당신으로부터의 연락이 올 때 우리가 떠날 수 있도록 준비할 것입니다.

2주 내에 심사가 종결된다면 그들이 부재하는 상태에서 선고를 받지 않는 이상, 두 주요 사건의 주범들에 대한 유죄 판결은 없을 것이라는 사실이 분명해 보입니다. 또한 고을 원님이 만족스럽게 일을 처리할 수 있는 시간이 거의 없을 것으로 보이며, 한국 정부가 빌렘과 르각의 면직을 요청하지 않는 이상 이러한 문제의 재발은 불가피할 것으로 보입니다.

존경을 담아
H. G. 언더우드
사무엘 A. 마펫

해주
1903년 3월 17일

원문 p.305

H. N. 알렌
미국 공사관, 서울, 한국.

알렌 선생님에게

재판은 평소와 같이 오후 1시에 열렸고 새로운 사람들이 재판장에 섰습니다. 첫 번째는 9월 23일에 구타가 발생했다고 알려진 집의 소유자인 홍종국이었습니다. 그는 명쾌하고 솔직한 자세로 증거를 제시했습니다. 그는 다른 사람들의 증거들에 개의치 않았으며 그가 구타에 항의했고 마침내 그것을 멈췄다고 말했습니다. 그의 증거는 다음과 같습니다.

폭행이 일어났던 날 밤, 박재환(그에 관한 자료는 3월 12, 13, 16일의 편지에 기록됨)은 홍종국(현재 증언하고 있는 재소자)에게 찾아와서 그와 다른 사람들이 사용하는 것처럼 사랑채에 불을 밝히라고 했습니다. 그리고 박재환은 가톨릭 교회의 젊은 구성원들 몇몇을 보내어 4명의 개신교인 이치복, 한치순, 최종신, 정기호를 데려오게 했습니다. 이 네 사람이 천주교인들에게 도착했을 때, 박재환(당시 신환포의 가톨릭 교회의 지도자), 김병호(박재환의 후계자), 현병준, 홍종국(증인)과 아직 체포되지 않은 원학주와 왕영조가 있었습니다.

박재환과 김병호는 가톨릭 교회를 위한 돈을 요구했고 한치순은 목사가 로마 가톨릭 교회의 다른 건물을 내주지 말라고 했다고 대답했습니다. 그가 덧붙이기를, 개신교인들은 외부인들에게 어떠한 지원도 요구하지 않고 수년 간의 노력 끝에 그들의 교회를 지었으며 가톨릭 신자들도 그렇게 하라고 역설했습니다. 또 다른 개신교인은 만약 지도자가 가톨릭 교회를 세우기 위해서 그렇게 서두른다면, 그의 집을 팔아서 그의 목적을 이루는 것이 어떠냐고 제안했습니다.

그러자 박재환은 무력이 아니고서 이들로부터 돈을 얻을 수 없다고 생각했고, 박재환, 김병호, 원학주, 왕영조는 개신교인들을 구타하기 시작했으며 이후 바깥으로 내보내라고 명했습니다. 홍종국 역시 이는 김병호와 박재환의 명령이었으며, 그도 개신교인들을 바깥으로 끌어냈던 사람들 중 한 사람이라 말했습니다. 그와 또 다른 사람은 정기호와 이치복을 데리고 갔습니다.

그는 그와 자신의 아내가 그들의 구타를 멈추게 했고 이후 개신교인들을 풀어주었다고 주장했습니다. 그는 또한 김병호가 몽둥이를 들고 나와 그들을 뒤쫓았지만 그들을 찾지 못하고 돌아왔다고 말했습니다.

그는 또한 김순명이 지도자로 있는 가톨릭 교회에서 김형남과 다른 이들이 최종신을 습격하고 구타한 것에 대해 증언했습니다. 그 지도자들은 1902년 8월 23일에 이것을 지시했고 잃어버린 것으로 주장하는 금비녀에 대한 대금의 일부를 홍종국이 미리 지불했다고 했습니다.

이러한 증언은 이루어지기는 했지만, 이것은 소동에는 가담했지만 개신교인들의 증언에 따르면 그들에게 더욱 관대하게 대했던 로마 가톨릭 신자에 의한 것임을 명심해야만 할 것입니다.

다음으로 조사를 받은 사람은 42세 노성칙입니다. 그는 9월 23일 밤에 일어난 일에 대하여 심문을 받았습니다. 그는 홍종국의 집 맞은편에 살고 있으며, 그날 밤 한치순, 정기호, 이치복, 최종신을 데려오기 위해 로마 가톨릭 지도자 박재환이 자신을 보냈다고 말했습니다. (이것은 김병호가 이치복만 데려오게 했고 다른 이들은 그와 동행했을 뿐이라는 그들의 진술과 정면으로 대치됩니다.)

그는 그들을 데리러 갔을 때 가톨릭 교회의 소년 중 몇몇도 그와 함께 갔다고 말했습니다. 그 집에서 발생했던 문제를 묘사하면서 그는 고소인들의 모든 진술들을 실제적으로 확증해 주었습니다. 그는 박재환이 이치복을 수차례 구타했고, 김병호가 정기호와 최종신을 여러 차례 구타했다고 말했습니다. 이후 그는 불려가서 개신교인들의 상투를 잡아서 끌어내는 것을 도왔습니다. 마지막으로 박재환의 명령과 김병호의 요구에 의해 최종신이 포박되었으나 이후 다른 가톨릭 신자에 의해 풀려났고, 김병호가 밖으로 나와서 집으로 도망치는 그들을 쫓았습니다. 그는 구타에 가담하지 않았느냐는 질문을 받고 정기호의 상투를 잡은 것 외에는 한 일이 없다고 말했습니다.

다음으로 67세 천석인이 불려나왔습니다. 이 사람의 이름은 고소장에 기재되지 않았지만 지난해 12월 31일 개신교인들이 체포되어 청계동으로 잡혀가서 고문을 당할 때 부녀자들과 아이들을 구타한 것으로 보고되었기 때문에 체포되었습니다.

그는 빌렘의 명령에 따라 8명의 남자들이 체포됐으며, 이들은 구속되어 르각의 면전에서 먼저 재령시로 이송되었다고 증언했습니다. 그는 자신이 여자들과 아이들을 그곳으로부터 데려와서 구해줬고, 집으로 돌아가라고 말했다고 주장했습니다. 조사는 여기서 그쳤습니다.

다음으로 이끌려 나온 사람은 24세의 김형남이었고, 개신교인들 및 다른 이들과 관련한 많은 혐의가 낭독되었습니다. 그는 지난 7월 25일(마펫의 편지 C 2쪽); 8월 23일(편지 C 3, 4쪽) 이승혁을 폭행한 사건에서의 주요 인물이며, 금비녀를 잡아 늘였다는 혐의와 1월 1일과 2일에 집을 습격하고 남녀 개신교인들과 다른 이들의 돈을 갈취한 혐의가 제기된 사람입니다.

그는 이 모든 것을 부인하려 했지만 자신이 금비녀를 가지고 있다는 사실을 인정했습니다. 그는 그것이 순금이라고 말했습니다. 또한 7월 26일 천주교 신자인 마을 어른의 명령에 따라서 의식을 잃은 이승혁을 옮기는 것을 도왔다고 인정했습니다. 그는 몇 차례의 부인 후 이승혁을 때리기는 했지만 그렇게 심한 폭행은 아니었고 최종신을 때린 것도 사실이라고 인정했습니다.

홍종국(이날 첫 번째로 증언한 사람)이 다시 소환되어 8월 23일에 최종신과 한치순이 가혹하게 다뤄졌고, 한치순과 최종신이 김형남과 맞섰다는 사실을 재확인해 주었습니다. 김형남은 그들이 고통을 겪었다는 것은 인정했지만 자신의 참여는 부인했습니다. 그들의 모든 증언은 그 교회의 지도자인 김순명의 지시에 의해서 가톨릭 교회와 [illegible] 앞에서 이루어졌습니다.

(김형남 계속) 이때 그는 장기범과 대면했습니다. (개신교인이

아닌) 장기범은 가톨릭 교회로 끌려갔으며, 김순명 앞에서 60여 년 전 그의 부친이 만든 것으로 혐의가 제기된 위조 지폐 때문에 150냥(30 한국 달러)을 낼 것을 강요당했습니다. 처음에 김형남은 모든 사실을 단호히 부인했지만, 그가 진실이라고 주장하는 위조 지폐를 제시하자, 그와 같은 방식으로 돈을 받았다는 것을 마침 내 인정했습니다. 판사(고을 원님)는 그것이 진실이라 할지라도 이 미 사망한 사람이 60년 전에 주었던 돈을 사망한 사람에게 지불 하게 할 수 없다면서 그에게 돈을 갚고 금비녀에 대한 금액도 지 불하라고 명령했습니다.

법정은 오늘 오후 1시에 열기로 하고 휴정했습니다. 어제 법정 에 있는 동안 우리는 통역자로부터 테시어 씨가 육로를 통해 서울 로 떠났으며 빌렘은 오늘 해주에 도착할 것으로 예상되지만 아직 청계동에서 오지 않았다는 것을 알게 되었습니다. 전선이 끊겨서 당신과 통신할 수 없는 상태입니다.

존경을 담아
H. G. 언더우드
사무엘 A. 마펫

해주
1903년 3월 18일

H. N. 알렌 선생님
미국 공사관, 서울, 한국.

알렌 선생님에게

법정은 두세 씨와 우리의 입회하에 17일 오후 1시에 다시 열렸습니다. 김형남 사건은 어제 있었던 그의 거듭되는 부인들로 인해 아직 검토 중입니다. 그는 2월 17일과 18일의 편지에서 보고드린 대로 조사를 받은 박진양과, 2월 21일 편지에 보고드린 대로 조사를 받은 박재환 및 권원돈과 대질되었습니다. 이들은 모두 이곳에서 재판을 받은 로마 가톨릭 신자들로 몇 번의 습격, 특히 7월 25일, 8월 28일, 1월 1일과 2일의 사건에 김형남이 주도적으로 연루되었다고 강하게 증언했습니다. 김형남과 대면했을 때도 이들은 전과 같이 자신들의 증언을 엄격하게 고수했고, 조사관은 고소인이 진실을 말하지 않았다고 주장될 수도 있지만, 만약 그가 무죄라면 그 자신의 동료들이 이와 같은 방식으로 그를 연루시킬 가능성은 거의 없다고 했습니다. 고소인이 모든 이야기를 솔직하게 그의 동료들에게 말했을 때 같은 교회의 구성원들도 고소인의 말에 동의했습니다. 김형남의 부인이 거짓이라는 것은 무척 분명한 것이었습니다. 그는 모든 혐의들에 대하여 유죄 판결을 받았고, 선고를 기다리기 위해 감옥으로 송치됐습니다.

전선이 수리되어 다음과 같은 전보를 어제 밤에 보냈습니다.

대한제국전보 司
전보 758번 클래스 B 27단어
해주 1903년 3월 18일
알렌, 서울

테시어가 육로로 갔습니다. 빌렘은 청계동에서 돌아오지 않았습니다. 4명을 더 붙잡았고, 두세와 우리는 여전히 재판에 출석하고 있습니다. 두세가 그렇게 한다면 우리가 남아 있어야 할까요?
　　언더우드, 마펫

오늘 오후 1시에 우리는 법정으로 갔습니다. 청계동에 있는 빌렘 신부가 아프다는 소식을 듣고 두세 신부가 청계동으로 가서 그의 안부를 확인한 후 그가 오늘 법정에 나오지 못할 것 같다는 말을 전해 들었습니다. 물론 재판은 평소와 같이 진행됐습니다. 김병호(이 달 12, 13, 16일 편지들)가 가장 먼저 불려 나왔고, 두 로마 가톨릭 재소자인 홍종국과 노성칙과 마주했습니다. 그들의 증언은 3월 17일 편지에 기록되어 있습니다. 홍종국과 노성칙은 그들의 첫 번째 증언을 고수했고, 그들은 모두 9월 23일에 김병호가 개신교인들을 공격하는 모습을 보았다고 주장했습니다.
　이에 김병호는 말싸움이었을뿐 폭력을 가하지는 않았다고 하면서 처음에는 그들의 진술을 강하게 부인했습니다. 하지만 그와 다른 견해를 피력하는 수많은 목격자들과 함께 그렇게 부인할 수 없다는 것을 보여주자, 그는 개신교인들을 거칠게 다루기는 했지만 자기 자신은 직접 그들을 건드리지 않았다고 시인했습니다. 그리고 마침내 그는 자신이 그들을 밀었다는 것은 인정했습니다.

다음으로 박재환이 불려나왔으며(그의 증언은 김병호의 것과 같은 편지에 언급되어 있습니다.) 같은 로마 가톨릭 신자들과 대면했습니다. 이어서 그는 4명의 개신교인들이 자신과 김병호에 의해 이끌려왔다는 사실을 인정했습니다. 이것은 그의 첫 번째 증언과는 사뭇 다른 것이었습니다. 그는 처음에는 구타가 전혀 없었다고 주장했습니다. 홍종국과 노성칙이 이의를 제기하며 박재환이 개신교인들을 때리고 차는 것을 보았다고 주장하자 박재환은 이에 대하여 아무 대답도 할 수 없다고 말했습니다. 고소인들에게 할 말이 있는지를 묻자, 여러 사람이 김병호가 소동의 주동자였다고 말했으며, 만약 그가 적절히 고려되지 않는다면 무슨 일이 일어났는지 아무 말도 할 수 없을 것이라고 하였습니다.

그때 최종신은 김병호가 그의 노부모에게 갈취한 60냥에 대해 조사관의 면전에서 환기시켰고, 그에 해당하는 금액을 산정하여 김병호가 최종신에게 돈을 지불하라고 선고되었습니다.

재령에 있는 로마 가톨릭 교회를 습격하고 문들을 불태웠다는 혐의를 받는 군졸들에 대한 조사 결과, 그 교회 근처에 있는 로마 가톨릭 교인의 집에 잃어버린 문 한 쌍을 제외한 모든 문들이 숨겨져 있었다는 사실이 밝혀졌습니다. 한 소년이 이 집의 사람들이 나쁜 짓을 저질렀다고 주장했기 때문에 군졸들은 그 남자의 집을 수색하게 된 것입니다.

존경을 담아,
H. G. 언더우드
사무엘 A. 마펫

해주

원문 p.314

1903년 3월 20일

H. N. 알렌 선생님
미국 공사관, 서울, 한국.

알렌 선생님께

19일 아침 2시에 대문에서 계속 소리가 나서 깨어보니 당신으로부터 온 다음 전보를 우리가 받았습니다.

언더우드, 해주

전보가 방해를 받아서 플랑시가 테시어의 행적들을 알지 못하게 되었습니다. 그는 다시 빌렘에게 전보를 해서 두세에게 돌아오라고 했습니다. 두세가 갈 때 떠나시기 바랍니다.
　　알렌

스테스 조이스가 언제 떠날지 아는 것은 우리에게 어려운 일입니다. 배가 3마일 떨어져 있기 때문에 우리는 그들과 함께 같은 배를 타고 떠날 수 없을지도 모릅니다. 그렇게 하기 위해서 최선을 다해보겠지만 만약 그렇게 되지 못할 경우에는 적어도 다음 배라도 타보겠습니다.

우리는 빌렘과 두세가 모두 왔다고 들었고 그들이 증기선을 타고 오늘 떠날 것이라고 추정하였기에, 떠날 준비를 하는 동안 군수에게 연락을 취했습니다. 그는 우리에게 두세가 청계동에서 홀로 돌아왔으며 빌렘은 너무 건강이 안 좋아서 이동할 수 없는 상태라고 말했습니다.

그는 두려워하며 빌렘과 르각이 한국을 떠나지 않는 이상 이지역은 현재보다 더 안 좋은 상태에 있을 것이라고 말했습니다.

그는 또한 한국인 로마 가톨릭 사제들의 지위를 명확하게 규정할 필요에 대해서 매우 강조했습니다.

우리는 조사관을 불러서 그로부터 빌렘과 두세에 대한 군수의 언급에 관한 진실을 들을 수 있었습니다. 그는 두세가 금방 들어왔으며 그에게 그렇게 말했다고 했습니다.

그는 소송을 심리 중이었지만 우리가 오래 기다리지는 않았습니다. 우리는 그에게 당신으로부터 그 사제와 함께 떠나도록 지시를 받았으며 우리가 아마도 다음 배를 타게 될 것 같다고 말해주었습니다.

우리는 조사관에 의해서 사용된 온건한 방법들을 보여줄 조사관의 포고문(13항) 사본에 배서합니다.

빌렘이 아직 떠나지 않았다는 것을 우리가 들었고 그가 이곳에서 겨우 25마일 밖에 떨어져 있지 않는 상황에서 우리가 떠날지 말지를 놓고 결정을 내릴 수 없기 때문에, 우리는 당신에게 다음 전보를 보냈습니다.

대한제국전보 司
전보 183번 클래스 B 24단어

해주 1903년 3월 20일
알렌, 서울

청계동에 있는 빌렘이 떠나기에는 너무 아프다고 합니다. 두세
는 오늘 밤 떠난 것으로 보고됩니다. 빌렘이 여기 남아 있는데도
우리가 가능한 빨리 떠나야만 할까요?
언더우드, 마펫

답장을 기다리며
존경을 담아
H. G. 언더우드
사무엘 A. 마펫

해주

원문 p.317

1903년 3월 23일

H. N. 알렌 선생님

미국 공사관, 서울, 한국.

알렌 선생님께

3월 20일 7시에 당신이 서울에서 보내신 전보가 그 날 밤 자정까지 이곳에 도달하지 못했습니다. 거기에는 이렇게 적혀 있습니다: "당신이 두세와 동시에 떠나면 좋을 것 같습니다. 알렌"

하지만 우리가 어쩌면 그곳에 도착할 수도 있어서 그렇게 약속을 할 수는 있지만 배를 타기에는 이미 시간이 너무 늦었습니다. 우리가 할 수 있는 유일한 일은 다음 배를 기다리는 것이었습니다. 마펫 선생님은 약속을 잡기 위해서 전보를 보냈는데 토요일에 이곳에 도착했습니다. 그는 오늘 오후 프레비 영으로 떠납니다.

우리가 여기 있는 동안 확보할 수 있는 모든 정보들을 얻는 것이 좋을 것이라고 생각했습니다. 우리는 믿을 만한 한 사람을 청계동으로 보냈습니다. 그는 제 시간에 청계동을 다녀와서 토요일 밤에 도착했습니다. 토요일 밤에 그는 빌렘 신부가 거기 있으며 아프지 않다는 것을 전해 주었습니다. 그는 또한 안태건이 서울로 갔다고 보고되었지만 그가 아직도 그곳에 있었다고 말해 주었습니다.

그는 또한 그들이 13정의 외제 총들과 5정의 좋은 품질의 한국 총들, 그리고 수많은 빈약한 품질의 한국 총들을 가지고 있다고 보고했습니다.

그는 또한 빌렘 신부가 거기에 있는 로마 가톨릭 본부에게 조사관이 그때까지 매우 조심스럽게 처리하고 있는 일에 대해서 소환을 위한 정당한 명분이 될 만한 두 가지 일을 했다고 전했다고 합니다. 이 소환은 재령시에 있는 돔 건물들에 대한 방화와 항주에서 한 사람이 폭행당한 일에 관한 것입니다.

둘 중에서 첫 번째 사건은 이미 조사가 끝났고 거짓으로 밝혀졌습니다. 그리고 두 번째 사건도 진위여부가 의심받고 있다는 점에 주목해야만 합니다.

빌렘 신부는 이제 그가 조사관의 소환을 보장할 수 있으며 그가 한 일을 모두 뒤집을 수 있다고 말했습니다. 우리는 그 전체 사건을 이해할 수 있는 만큼 준비를 하였습니다. 적어도 우리가 당신에게 보낸 한 사람과 관련된 부분에 한해서 해야 할 일을 했습니다.

또한 우리는 한국인들을 통해서 제공된 증거 자료들을 확보할 수 있다면 그것들의 사본을 만들어서 당신에게 보내드리기 위해 최선을 다하겠습니다. 우리는 법원 서기에게 해당 자료들을 달라고 신청한 상태입니다. 헌트 씨가 재령시에서 그의 일의 진행을 보기 위해 토요일 밤에 여기에 왔는데 며칠 머물 계획입니다.

존경을 담아

H. G. 언더우드

사무엘 A. 마펫

패독 씨에게

제가 듣기로는 우리가 정동 부지와 교환해서 확보한 남문 밖의 전체 지역을 이제 우리가 소유하게 되었다고 합니다. 다만 그 부지에 남아 있는 하나의 작은 민가만은 예외라고 합니다. 이에 대해서는 우리가 포기를 하고자 하며 이제 부동산 증서를 교환하려고 합니다. 빈톤 선생님이 오셔서 이 증서들을 보증해 주시면 됩니다. 제가 알기로는 내일 그가 이곳을 며칠간 떠나 있을 것입니다. 저에게 몇 시가 좋을지 알려주시기 바랍니다. 그러면 제가 그에게 말을 해놓겠습니다.

부동산에 관해서 저는 당신이 말씀하신 대로 군수를 오후에 그의 집에서 만났습니다. 모든 일이 잘 처리되었습니다.

진심을 담아
H. G. 언더우드

서울

원문 p.320

1903년 11월 18일

패독 씨에게

기록철에서 증서의 이전을 위하여 2엔을 찾아주시기 바랍니다.
영수증은 제가 가지고 있습니다.

진심을 담아

H. G. 언더우드

1904년

서울, 한국   원문 p.321
1904년 4월 14일

H. N. 알렌 각하
미국 공사, 전권대사
서울, 한국

알렌 선생님께

제가 3월 22일에 당신에게 썼던 차정리와 삼산동에 있는 두 교회에 관하여 그것이 일본군과 민간인에게 여전히 사용되고 있다는 것과, 일본군이 약속한 대로 아직 그들에 의해 비워지지 않았다는 사실을 당신에게 보고하게 되어 유감입니다. 이 외에도 돗자리를 비롯한 각종 가구들이 일본인에 의해 심하게 마모되고 있으니, 일본인들에게 즉시 비워달라고 요구해야 할 뿐만 아니라 교회 가구와 돗자리를 사용하기 위해 지역 주민들에게 어느 정도 배상을 해야 한다는 생각이 듭니다. 이 일을 다시 한 번 일본 공사에게 부탁하여, 이 교회들이 즉시 비워지는 것을 지켜봐 달라고 부탁해 주시겠습니까?

진심을 담아

H. G. 언더우드

서울, 한국
원문 p.323
1904년 4월 28일

알렌 선생님께

선생께서 얼마 전 답장을 통해 일본 공사가 일본인들이 사용하던 교회를 비워주겠다고 약속했으며, 그렇지 않으면 저에게 알려달라고 했던 사실을 기억하실 것입니다. 저는 상황이 어떻게 되었는지 알기 위해 우리 지역 설교자들 중에서 한 명을 보내서 지난 일요일 예배를 맡게 하였는데, 그는 삼산동의 교회는 비워졌지만 차정리의 교회는 아직 사용되고 있다고 알려주었습니다.

Sa Moui = 삼뫼 三山洞
Chai Chang Mal = 차정말 車定里

진심을 담아
H. G. 언더우드

서울, 한국
1904년 6월 29일

원문 p.324

알렌 선생님께

저의 한국어 선생님들이 아직 갈만한 다른 장소가 저에게 없기 때문에 며칠 동안 사용할 수 있도록 마련한 지하에 있는 방 하나를 제외한다면, 저희 집은 미국 경비대를 위해 오늘 정오에는 준비될 것입니다. 그 방은 제가 사용했던 서재 아래의 작은 방이고 우리는 그 방이 며칠 더 필요할 것 같지만, 제 생각에는 이것이 경비대에 대한 당신의 어떤 계획도 방해하지 않을 것 같습니다. 바깥에는 하루나 이틀 더 사용하자 하는 몇 가지 물건들이 남아 있는 세 개의 광이 있습니다. 우리는 가능한 한 빨리 그곳에 있는 모든 것을 옮길 것입니다. 그 집에 대해 몇 가지 언급해야 할 것이 있습니다. 우선 부엌에 펌프가 있는데, 그 펌프는 우물에서 나오는 물을 부엌이나 탱크로 퍼 올릴 수 있으며, 탱크 파이프는 부엌 싱크대와 욕실로 이어집니다. 온수 탱크와 온수 연결 장치도 있지만, 우리가 떠나기 며칠 전에 탱크에서 난로까지 이어지는 파이프 중 하나가 터졌습니다. 만약 경비대가 뜨거운 물을 사용하기를 원한다면 이것을 고쳐야 하겠지만, 난로는 탱크에서 분리해서 사용할 수 있습니다. 둘째로, 화장실 중 하나를 사용하기 위해서는 약간의 주의를 필요로 합니다. 지붕도 장마철에 대비해서 단단히 조여 있도록 주의가 필요합니다. 비가 많이 올 때면, 우리가 식당으로 쓰던 방과 거실로 사용하던 방에 물이 샙니다. 마지막으로, 불과 하루 이틀 전에 궁의 사람들이 그들이 사용해서는 안 되는 집의 측면에 그들의 건물로부터 나오는 하수구를 팠는데, 이것은 사람들의 건강에 매우 나쁜 영향을 미칠 것입니다. 저는 이미 두 개의 열쇠를 톰슨 씨에게 넘겼습니다. 한국어 선생님들이 사용하는 열쇠가 하나 더 있는데, 그것은 방을 정리하는 대로 보내드리도록 하겠습니다. 이것들이 언급해야 할 모든 사항이라고 생각합니다. 현재의 숙소에서 지내는 것보다 경비대가 편안하기를 바랍니다.

진심을 담아
H. G. 언더우드

서울, 한국
1904년 7월 29일

원문 p.326

고던 패독 귀하
미국 총영사관
서울, 한국.

패독 씨에게

　저는 당신이 어제 있었던 하야시 씨와의 대담 결과를 알기 원한다고 생각했습니다. 처음에 하야시 씨는 제가 분명히 그저 그런 호기심 때문에 왔다고 생각해서 말을 격의 없이 하지 않았습니다. 그러나 제가 신이라는 남자가 저희 신자들의 구성원이라는 사실을 말했을 때 그는 즉시 매우 격의 없이 말을 하기 시작했습니다. 그는 그 남자가 도시 병원으로 이송되었으며 일본 헌병대의 보살핌을 받았고 현재는 건강하다고 말했습니다. 그는 또한 그들이 원하면 가서 그 남자를 볼 수 있다고 말했습니다. 제가 추측하건대 그들은 이 문제를 조용히 내버려두는 것이 최선이라고 생각했던 것 같습니다. 아마도 그것이 그 남자가 어디에서 돌봄을 받고 있는지에 대하여 아무도 파악할 수 없었던 이유일 것입니다. 하지만 저는 당신이 그가 건강하다는 사실을 알고 싶어 할 것이라고 생각했습니다. 물론 이것은 저에게 안심이 되는 일이었으며 그의 가족에는 더욱 큰 안심이 되는 일이었습니다.

진심을 담아

H. G. 언더우드

한강

원문 p.327

1904년 8월 3일

알렌 선생님께

얼마 전 웜볼드 양이 로마 가톨릭과 개신교들 사이에서 제안된 연합에서 선교사들이 그들의 사람들을 멀리하도록 하기를 바란다고 선생님께서 말한 것을 전하였습니다. 제가 그녀에게 무슨 뜻인지 물어보자 그녀는 자기는 모르지만 우리는 이해할 것이라고 말했습니다. 저는 그러한 연합 운동에 관하여 들은 적이 없기 때문에 즉시 편지를 써서 선생님께서 언급하신 것을 물어보려고 했고, 지금은 그것이 무엇인지 알고 있습니다. 만약 그것이 중요한 일이고 선생님의 말씀이 무엇을 의미하는지 친절하게 저에게 알려주신다면, 저는 그 문제에 대해 알아보고 선생님께서 원하시는 방향대로 최선을 다할 것입니다.

하와이 총영사관에 대해서는 한국 정부가 그곳으로 영사를 파견하기로 분명히 결정을 했고, 윤치호는 사양했다는 소식을 접했습니다. 현재는 이전의 이주민부서에 있었던 젊은 사람과 김규식보다 젊은 사람, 그리고 김규식이 있다는 것을 들었습니다. 저는 또한 선생님으로부터 김규식으로 결정될 것이라는 말을 들었습니다. 선생님께서 그 말을 하실 수 있을지 없을지는 당신이 가장 잘 아시겠지만, 그에 대하여 언급해달라는 부탁을 받는다면, 저도 그렇게 말할 것이라고 생각했습니다.

아이들은 벌써 떠났습니까? 아이들과 함께 계셔서 무척 즐거운 시간을 보내셨으리라 생각합니다. 모두 건강하시리라 믿습니다.

진심을 담아
H. G. 언더우드

한강

원문 p.329

1904년 8월 18일

H. N. 알렌 선생님,
미국 공사
서울.

알렌 선생님께

선생님께서 17일에 보내 주신 편지는 잘 받았습니다. 우리 선교부 사람들에게 같은 복사본을 함께 돌려 보았습니다. 기독교인으로서 토착 기독교인들이 어떠한 정치 운동에도 관여하지 못하도록 확실히 금지하는 것은, 그러한 움직임을 단념시킬 뿐만 아니라 우리가 힘을 가지고 있는 한, 항상 우리 선교의 방침이었다고 말하고 싶습니다. 물론 우리는 교회 건물이나 우리의 기독교 상징이나 그와 관련된 기독교인의 이름이 사용되는 것을 거부합니다. 하지만 우리는 그들이 개인으로서 그와 같은 일에 관여하는 것을 금지할 권리가 없다는 입장을 항상 취해왔습니다. 그리고 만일 그들이 그렇게 한다면 그것은 전적으로 그들 자신의 책임이며 그들이 어떠한 보호도 바라지 말아야 한다는 것을 알려주기 위해 우리는 조심해왔습니다.

저는 독립협회의 재조직 가능성에 대해 들어본 적이 없지만 우리 사람들이 어떤 일에든 관여하지 못하도록 최선을 다할 것입니다. 하지만 그들이 그렇게 한다면 그것은 전적으로 그들 자신을 위험에 처하게 할 것임을 그들에게 알도록 할 것입니다.

진심을 담아
H. G. 언더우드

서울, 한국

원문 p.331

1904년 11월 26일

H. N. 알렌 선생님

주한 미국공사

서울, 한국.

알렌 선생님께

선생님께서 26일에 주신 편지를 받아보았습니다. 제 생각에는 이봉래가 조금 혼동한 것 같습니다. 그 부동산은 병원의 재산이 아니라 도시 중심에 있는 연로하신 무어 씨의 재산입니다. 그가 합의를 할 때 그것은 국왕 폐하가 아니라 그가 개인적으로 관여하였고 자신에게 있어서 사적인 구매라고 우리에게 말했습니다. 그는 이 일이 비밀로서 유지되기를 바랐고 저는 그에게 그 증서가 미국 공사관에 등록되어 있기 때문에, 증서가 그에게 전해지기 전에 반드시 공사관부터 가야한다고 말했습니다. 그러자 그는 돈을 건네주고 증서를 받기 위해 시간을 내어 공사관에서 저를 만날 것이라고 말했습니다.

이봉래가 당신을 만나는 일에 대해서는 병원 재산이 관여되어 있지 않습니다. 선생님께서 아마도 그 금액을 알고 싶으실 것이므로 여기 동봉하여 보내드립니다. 저는 그 일이 저의 명예와 관련이 있다고 생각합니다. 왜냐하면 선교부가 이 문제들을 협상하기 위한 위원으로 저를 임명하였고 실제적으로 저는 선교부의 부동산 중개인으로 불려야 한다고 생각합니다.

진심을 담아
H. G. 언더우드

병원 현장에서 지출한 비용을 변제하기 위해 받아야 할 돈의 항목

에비슨 박사의 집,	¥8,500.00	
하인의 숙소,	260.00	
우물,	300.00	
	----------	¥9,060.00
제이콥슨 기념관,	¥8,500.00	
하인의 숙소,	520.00	
장소	10,000.00	
	----------	¥19,020.00
한국건축물 보수공사,	¥2,000.00	
서재,	150.00	
큰 방 수리,	44.90	
최근 수리,	15.00	
	----------	¥2,209.90
	총 합,	¥30,289.90

H. N. 알렌 각하,
미국 공사관

친애하는 알렌 선생님께

제가 충분히 이해한 바와 같이 다음 사항은 어떤 식으로든지 미국의 이해와는 관계가 없습니다. 그러나 참으로 분개할 일입니다. 저는 당신에게 그 사실들을 자세히 알려드리고, 일본 공사 앞에서와 한국의 최고 권위자에게 이 문제를 분명히 말할 수 있도록 당신에게 요청해야 한다고 진심으로 느낍니다.

음력 9월 20일(1904년 10월 29일)에, 한강에서 쌀을 실은 배 한척이 행주 마을을 지나다가 불이 붙었습니다. 불타는 소리가 마을까지 들렸고, 처음에는 두 배와 기독교인들만 구조에 투입되었습니다. 선원들은 목숨을 구했고, 불 속에서 겨우 꺼낸 몇 안 되는 16포대의 쌀가마니 중에서 일부는 구조하러 간 두 기독교인인 신과 김에게 주어졌습니다.(신과 김의 주장) 무엇이 공정한 것인지는 아무도 모르는 것 같습니다. 그 배가 출발할 때 쌀 100포대를 싣고 있었던 것으로 알고 있습니다.

지금 신과 김은 체포되었고, 두 사람은 배에 불을 지르고 쌀 16포대를 통째로 훔친 혐의로 법정에 기소되었습니다. 그리고 이 사안에 대하여 쌀 주인인 홍 판서는 신과 김이 배 안에 있던 모든 물건에 대하여 책임을 져야 한다고 주장합니다.

이 두 사람은 체포되어 서울로 오게 되었고, 감옥에 갇힌 후 두 주가 넘게 아무런 조치도 취해지지 않았습니다. 저는 판사에게 편지를 써서 그 지역에서 온 한국인들이 무지한 사람들이기 때문에 재판이 너무 오랫동안 지연되어 왔다는 뜻을 시사했습니다. 저는 그들의 변호자로서의 역할을 맡은 사람으로서 허락을 받아야 할 것 같았습니다.(편지 1번 참조) 이에 대하여 저는 판사의 대답을 받았습니다.(편지 2번 참조)

이후에도 재판이 진행되지 않았기 때문에 저는 판사에게 다시 편지를 썼습니다.(편지 3번 참조) 그는 어떤 편지도 받기를 거부했지만, 한 친구를 통해 그에게 요지를 전달하였습니다.

제가 이 문제에 대하여 판단하는 바는, 단지 운이 좋아서 배 한 척과 한두 필의 밭주인이 될 수 있다는 이유만으로, 위험에 처했을 때 기꺼이 다른 사람에게 도움을 주고자 했던 사람들에게 화재로 소실된 쌀의 수확 비용 전액을 지불하도록 강요하려는 시도라는 점입니다.

저 자신도 화재 이후 직접 행주 마을을 찾아갔으며 신과 김의 이야기가 진실하다고 자신합니다. 얼마 전에 저희는 다행히도 신과 김의 이야기를 종합한 선주에 대한 조사 내용을 얻을 수 있었습니다.(증거물 4번 참조)

강압적인 힘으로 약자를 괴롭히려는 시도가 이루어지고 있는 또 다른 사례입니다.

저는 진심으로 선생님께서 국왕 폐하와 일본 공사 앞에서 이 일의 진상이 밝혀지기 위해 분명히 알게 되시기를 바라며, 신속

하게 정의가 실현되어 이 불쌍한 사람들이 감옥에서 풀려나기를
바랍니다.

이 일이 해결될 수 있다고 저는 믿습니다.

진심을 담아

H. G. 언더우드

(법원 판사에게 보내는 편지)

존경하는 재판장님께,

귀하에게

　비록 제가 당신을 만나 뵙는 영광을 누린 적은 없지만 마치 당신을 아는 것처럼 느껴집니다.

　이응수라고 하는 어떤 사람에 의해 저의 기독교인 친구 중 두 사람에 대하여 잘못 진술되어졌으며, 수감된 지 17일이나 지났음에도 불구하고 그들은 아무런 판결을 받지 못했습니다. 이 문제에 대하여 재판장님의 조사에 어떤 어려움이 있을 수 있는지는 잘 모르겠지만, 한해 중 이렇게 중요한 시기에 당사자들에 대한 정당한 사유가 고려되어야 합니다.

　이 사건의 범법자와 변호인을 모두 불러 모아서 이 일을 서둘러 주시고, 양쪽의 증언을 모두 들은 후에 공정한 판단을 내려 주시기를 간청합니다.

　기다리고 있겠습니다.

존경을 담아

H. G. 언더우드

추신. 덧붙여 제가 그들을 변호할 수 있도록 허락해주시기 바랍니다.

(편지 2번)   원문 p.339

(서울법원 이종림 대리인의 답변)

H. G. 언더우드 선생님께,
서울

귀하에게

오래 전부터 선생님과 친분을 가지고 싶었는데 연락이 와서 무척 반갑습니다.

우리는 선생님의 요청을 참조하여 그 사건을 조사하고 있습니다. 선생님께서 그들의 변호자로서 참석하시는 것에 대해서는 필요하지 않은 일이라고 생각합니다.

존경을 담아

서울, 한국
1904년 12월 20일

원문 p.340

존경하는 재판장님

당신의 친절한 서신에 진심으로 감사드립니다. 재판장님께서 지금 그 사건에 애를 쓰시고 계시다고는 하셨지만 저는 이해할 수 없습니다. 아무리 어려운 조사라 하더라도 어떻게 2주간이나 지연을 초래할 수 있는지요? 저는 잘 모르겠습니다. 사람들이 한 겨울에 그렇게 오랫동안 갇혀 있는 것은 매우 힘든 일입니다. 그 배의 주인으로부터 들은 바에 의하면 당시 일어난 사건의 증인은 유홍순과 이승연입니다. 어떻게 이 사람들이 출석하지 않고 신과 김, 두 사람만이 체포되었습니까? 이것은 그다지 옳은 일이 아닌 것 같습니다. 이런 점들을 검토하신 후에 사건을 신속히 판결해 주시기를 바랍니다. 만약 더 지연된다면, 저는 미국 공사에게 이 사실을 숙지시키고 일본 공사관과 국왕 폐하에게 알려달라고 부탁할 것입니다.

존경을 담아
H. G. 언더우드

(증거)

선주 유순원은 홍 판서의 쌀 수확물을 싣고 양천에 접근하던 9월 20일(한국 달력) 오후 3시쯤, 양천의 뒤편 강가에 이르렀을 때 갑자기 선상에서 화재가 발생했다고 진술하고 있다.

이러한 곤경 속에서 사람들이 도움을 청하자, 두 척의 배가 그들을 구조하기 위해 도착했고 선원 5명과 쌀 16포대를 건져냈다. (신원칠 배에 5명, 김덕준 배에 16포대) 이 배들은 양천 뒷편에 상륙했다. 그러나 쌀 16포대 가운데 8포대는 두 선주인 신과 김에 대한 정당한 보상으로 옮겨졌다. 바로 그때 더 작은 배 한 척이 불길에 휩싸인 선박에 도움을 주고자 하는 분명한 목적을 가지고 처참한 현장을 향해 다가오고 있었다. 그 작은 배가 누구의 것인지 물었을 때, 신은 그것도 행주의 배라고 대답했다. 나중에 조수가 빠져나간 뒤 선원들이 부서진 배에 올라탔고, 그곳에 혼자 있던 이승연을 발견했다. 이 사람은 구조자였던 신과 김이 다시 배에 올라탔다고 진술했으며, 이를 통해 판단한 선주 유순원은 신과 김에게 제기된 의혹의 상당 부분이 의심의 여지가 있음에도 불구하고 25일(한국 달력으로 10일)에 이들을 고소했다.

또한 행주의 유홍순은 신과 김이 화재로부터 선박을 구하러 온 것을 알고 있다고 진술했다.

따라서 이 사건의 진짜 증인은 이승연과 유홍순인 것 같다. 하지만 법원은 이 두 사람을 고려하지 않았고 신과 김만이 감금되어 있다. 그러나 그들이 감옥에 갇힌 지 17일이 지났지만 판결이 내려지지 않은 것은 호소하는 당사자들에게는 당황스러운 일이 아닐 수 없다.

선주 유순원
1904년 12월 20일

1905년

서울, 한국 원문 p.343
1905년 2월 21일

알렌 선생님께

어제 저는 당신에게 연락을 드리고 싶었습니다. 하지만 우리는 하기와라 씨와 가진 모임을 마무리 짓지 못한 상황이었고, 일이 마무리되었을 때는 연락하기에는 너무 늦은 시간이었습니다. 하기와라 씨와 대화를 나누고 나서, 우리는 오래된 병원부지의 소유권 이전에 대하여 양쪽이 만족할만한 협의에 이를 수 있다는 것을 깨달았습니다. 동시에 하기와라 씨는 병원에 대한 보조금 문제도 결정할 것을 제안하고 있습니다. 그는 또한 관세에 대해서는 정기적으로 나오는 자금에 의존하기보다는 한국 정부가 4만 엔을 미리 은행에 예치해 두거나 아니면 매년 이자인 3600엔을 낼 수 있을 만한 돈을 예치하여 병원이 처분할 수 있게 해줄 것을 제안합니다. 저는 당신도 이 문제가 어떻게 진행되는지 알고 싶어 하실 것 같아서 편지를 썼습니다. 앞으로 일이 어떻게 진행되는지 지켜보면서 당신에게 또 알려드리겠습니다.

진심을 담아

H. G. 언더우드

서울, 한국
1905년 3월 13일

원문 p.344

패독 씨에게

당신이 기억하시는 것처럼, 일본 영사의 요청에 따라서 저는 한 강과 관련된 문제에 대한 모임에 참석하는 일로 이틀간 머물렀으며 거기에서 우리의 토지를 통과하여 철도가 지나가는 문제에 대해서도 다루었습니다. 그들이 매우 긴급해하므로 저는 에비슨 선생님이 세부사항들을 해결하시도록 하여 제가 돌아오기 전까지 저를 기다리느라 일이 지연될 필요가 없도록 조치를 해야만 했습니다. 그 이후로 우리는 그들로부터 한마디 말도 듣지 못했습니다. 그러나 다른 이들로부터 우리는 그들이 그렇게 하지 않을 것이라는 것을 들었습니다. 만약 철도가 그 방향으로 놓일 계획이라면 우리는 올해 여름을 어떻게 보낼지를 계획해야 할 것입니다. 물론 만약 그 방향으로 가지 않는다면 거기서 여름을 지낼 수 있을 것입니다. 저는 개펄이 없는 아름다운 모래 해변에 부지를 확보할 계획이었습니다. 저는 드부치 씨에게 철도가 어떻게 건설될 것으로 예상하는지를 물어야 하는지, 아니면 그들로부터 답변을 들을 때까지 기다려야 하는지에 대해서 확신이 서지 않습니다. 그러나 만일 그들이 너무 지연시킬 경우, 우리가 여름을 지낼 적합한 장소들을 마련하지 못할지도 모릅니다. 당신 생각에는 제가 드부치 씨에게 편지를 쓰거나 직접 만나야 한다고 생각하십니까? 아니면 그들의 다음 연락을 기다려야 한다고 보십니까? 드부치 씨가 우리를 떠날 때 추가적인 소통은 에비슨 선생님에게 하겠다고 하였습니다. 또한 그는 철도회사에서는 우리가 제안서를 제출할 것을 요청하고 있으며 그들이 우리의 제안서에 대한 역제안을 할 것이라고 말했습니다. 제가 당신을 지나치게 귀찮게 하는 것이 아니기를 바랍니다.

진심을 담아
H. G. 언더우드

서울, 한국

원문 p.346

1905년 3월 24일

패독 씨에게

제가 방금 드부치 씨에게 받은 메모를 여기에 동봉해 놓습니다. 당신도 보시다시피 상황이 그다지 만족스럽지는 않습니다. 제 생각에는 일본 영사를 제가 직접 만나서 더욱 만족스러운 방식으로 일을 처리해줄 수 있는지를 묻는 것이 좋을 것 같습니다. 저는 오늘 드부치 씨를 만날 작정이었습니다. 그런데 그럴 기회를 가지기 전에 이 메모가 먼저 도착했습니다.

진심을 담아
H. G. 언더우드

1906년

서울, 한국 원문 p.347
1906년 1월 5일

고던 패독 귀하
미국 영사관

패독 씨에게

훌버트 씨가 미국으로 떠나면서 저에게 말하기를 한국 교육부로부터 그가 받을 돈이 990엔 있으며, 다음날까지 그들이 돈을 보내주기로 약속을 했다고 하였습니다. 그는 교육부가 그의 긴 시간 동안의 고귀한 헌신에 대한 인정으로 그에게 6개월 치의 봉급을 추가로 선물로 줄 것을 고려하는 중이었다고 말했습니다.

그들이 그 금액을 보내주지 않았기 때문에 저는 기회가 날 때마다 몇 번 교육부에 찾아가서 같은 일에 대하여 문의했습니다. 그러나 일요일(1905년 12월 31일)이 되고 나서야 저는 겨우 답을 얻을 수 있었습니다. 교육부의 고문인 시데하라 씨가 저에게 전화를 하여 330엔을 보내면서 교육부가 훌버트 씨에게 드려야 할 돈은 그것이 전부라고 말했습니다.

제가 비록 훌버트 씨의 대리인으로서 330엔을 그의 월급 명목으로 받기는 했지만, 이것을 받는다고 해서 훌버트 씨가 앞서 저에게 말했던 금액에 대한 요청을 없는 것으로 하는 것은 아니라는 것을 당신이 교육부에 말씀에 주시지 않겠습니까?

미리 감사를 드립니다.

진심을 담아

H. G. 언더우드

서울

원문 p.349

1906년 1월 9일

고던 패독 귀하
미국 공사관, 서울.

패독 씨에게

저는 증서들과 영수증이 동봉된 여섯 번째 서류에서 당신의 영수증을 받았음을 알려드립니다. 저는 이 일에 대해서 당신에게 감사를 드리며 이것을 책임질 담당자의 손에 내용물이 잘 전달되도록 하겠습니다. 당신이 이미 영수증 처리를 한 8엔짜리 수표도 친절하게 편지에 동봉되어 있는 것을 보았습니다.

저는 허스트 선생님에게 우리의 소래 해변 부동산을 등록하는 문제로 당신과 이야기해볼 것을 요청했습니다. 당신이 아시다시피 한강 부동산에 관해서는, 비록 군수의 증서가 없을지라도 등록이 되었습니다. 어제 하야시 씨가 한강 부동산과 관련하여 저를 보기 위해 왔습니다. 제 생각에 당신은 아마 기억할 것입니다. 당신의 제안을 따라서 제가 하야시 씨에게 그의 영향력을 사용해서 우리가 얻으려는 장연에 있는 부동산을 놓고 일을 좀 쉽게 만들어 달라고 요청했던 것을 말입니다. 어제 저는 그가 도와준 일에 대해서 감사를 드렸으며 제가 한국어 증서들을 가지고 있으나 지역의 원님들이 이것을 등록하지 않는 관습이 있다고 말했습니다. 그리고 저는 그에게 제가 가진 증서들이 한국의 담당 기관에 등록될 수 있도록 도와달라고 하였습니다. 그의 대답은 현재 할 수 있는 유일한 일은 그들 자신이 해야 할 일을 하는 것이라는 말이었습니다. 그가 말하기를 이 나라에서 자기 나라 사람들은 그들의 증서들을 자기들의 영사관들에 가서 기록하고 도장을 찍는다고 하였습니다. 그가 말하기를 앞으로 통감이 등록 체계를 한국에 도입할 것이지만 현재로서는 증서들을 영사관에 등록하는 것 말고는 달리할 수 있는 방법이 없다고 말했습니다. 저는 그에게서 이렇게 솔직한 이야기를 듣게 될 거라고는 생각하지 못했습니다. 하지만 저는 당신이 그들이 진행할 계획이 무엇인지 아는 것에 관심이 있을 것이라고 생각합니다. 만일 동일한 계획이 여기서도 진행될 수 있다면 저의 증서들을 모아서 당신이 기록하실 수 있도록 하겠습니다.

저는 아직 밖에 나갈 수 있는 상황은 아닙니다. 만약 나갈 수 있었다면 당신에게 달려가서 한강 부동산 협상에 관하여 당신에게 말씀을 드렸을 것입니다. 모간 씨는 떠나기 전에 하야시 씨에게 총 8,000엔을 제안했던 것 같습니다. 그들은 결국 9,000엔에 합의를 보았습니다. 그러나 역에 대한 문제는 여전히 처리되지 않은 채로 보류 중입니다. 사실 저는 9,000엔이라는 금액이 별로 내키지 않습니다. 하지만 에비슨 선생님과 밀러 씨가 동의했기 때문에 저의 의견은 소수의견이 되었고 양보할 수밖에 없었습니다. 그래도 일을 질질 끄는 것보다는 이런 식으로라도 처리해 버린 것이 잘된 일이라고 생각합니다.

진심을 담아

H. G. 언더우드

일본 경찰관에 대한 문의

원문 p.351

서울
1906년 1월 10일

고던 패독 귀하
미국 영사관

패독 씨에게

오늘 아침 11시 정도에 한 일본인 경찰관이 저의 집으로 와서 본부로부터 온 명령에 따라 마을에 거주하고 있는 모든 외국인들을 방문하고 있다고 말하였고, 저의 이름과 이니셜, 직업, 나이, 가족 및 기타 사항들에 관해서 물었습니다. 저는 저의 이름과 이니셜만 그에게 알려준 뒤, 제가 미국 시민이라는 것을 말해주었습니다.

제가 그에게 그 이상의 정보를 제공하지 않았던 이유는, 그가 미국 영사관으로부터의 공식적인 서류를 받지도 않은 채로 그런 질문들을 하고 돌아다니는 것이 합당하지 않다고 여겼기 때문입니다. 만약 일본 경찰본부가 이와 같은 정보를 얻고자 했다면 미국 영사관으로 직접 요청해도 되었을 것입니다.

저는 그에게 내일 다시 오라고 말했습니다. 그때가 되면 제가 그의 질문에 답할지 말지, 아니면 그를 당신에게로 보내야 할지를 알게 될 것이기 때문입니다.

혹시 당신은 제가 이 문제에 대해서 잘못 생각했다고 보시는지요? 만약 그렇지 않으시다면 그를 당신에게 가보라고 말할까요? 아니면 제가 그의 질문들에 대하여 대답을 해주어야 할까요? 또는 그 사람이나 다른 사람이 당신에게 서류를 받아오지 않는 이상 아예 그들과 말을 섞지 말아야 할까요?

혹시 당신이 귀찮으시지만 않다면 오늘 안에 답을 주시면 좋을 것 같습니다.

진심을 담아
H. G. 언더우드

그는 어떤 종류의 공인된 서류도 가지고 있지 않았습니다.

서울

원문 p.353

1906년 2월 12일

패독 씨에게

당신을 마지막으로 뵙고 난 뒤로 목병이 재발하여 지난 열흘에서 두주 정도를 집 밖으로 나갈 수 없었다는 것을 알려드리게 되어 무척 유감입니다.

만약 서류에 서명하는 일이라면 이곳으로 그것을 보내주지 않으시겠습니까? 오늘은 저의 상태가 조금 나은 편이지만 어젯밤 목에 작은 궤양이 생겨서 무리하지 않으려고 합니다.

제가 밖으로 나갈 수 없다는 것을 알기 때문에 저희 선교 모임은 오늘 오후에 저의 집에서 모일 예정입니다. 본래대로라면 도시의 반대편에서 모여야 했지만 말입니다.

만약 여기서 서류에 서명하는 것이 가능하지 않고 내일 저의 상태가 오늘과 같이 견딜만하다면, 예상치 못한 일이 생기지 않는 한 12시나 1시 사이에 해가 중천에 떠있을 때 공사관에 가보려고 합니다.

현재의 상황이 이러함에 대하여 매우 유감입니다.

진심을 담아
H. G. 언더우드

유언장

원문 p.354

1906년 3월 21일

패독 씨에게

잘 지내시는지요? 저의 건강이 나쁘지만 않았더라면 일을 확실히 처리하기 위해서 돌아다녔을 것입니다. 아직도 목이 너무 아파서 안정제 없이는 10주째나 밤에 잠을 잘 수가 없습니다. 그래서 저는 제가 한강 옆에 마련한 장소에 가서 푹 쉬면서 일하는 것과 말하는 것으로부터 완전한 휴식을 취할 생각입니다. 아내는 저에게 말을 할 수 없는 것이 괴로운 일일 것이라고 합니다. 당신은 건강을 잘 챙기고 있으시지요?

제가 지금 편지를 쓰는 이유는 타자기로 작성한 유언장이 유효한지 아닌지를 당신에게 묻기 위해서입니다. 영국에서는 유효하지 않다고 들었는데 미국에서는 괜찮지 않을까 하고 생각해 봅니다. 저의 미국 거주지는 뉴욕 브루클린이며 거기서는 저의 형제가 저의 유언 집행인이 되어줄 것입니다. 이미 10년 전에 저는 유언장을 작성해 놓았지만 너무 많은 수정을 해야 할 필요가 있어서 아예 처음부터 다시 쓰는 것이 좋을 것 같습니다. 마지막에 썼던 유언장은 뉴욕에서 작성되었으며 한 개의 사본을 포함하여 두 통 모두 서명이 되어 있습니다. 저에게는 이곳과 미국에서 다루어야 할 이해관계가 있는데 이곳에서 일을 처리하고자 합니다. 만약 제가 죽은 뒤에 아내가 남겨진다면, 저는 그녀가 저의 유언 집행인이 되도록 할 것입니다. 하지만 만약 그녀도 사망한다면 브루 클린에 있는 저의 형제가 그곳의 보조인과 함께 집행인으로서 일을 처리하게 되기를 바랍니다.

제가 당신을 너무 귀찮게 하는 것이 아니기를 바랍니다.

진심을 담아
H. G. 언더우드

안전한 보관을 위한 서류 기탁

원문 p.356

서울
1906년 4월 4일

고던 패독 귀하

패독 씨에게

안전하게 보관할 물건들과 서류들이 있어서 최근에 저는 미국에서 금고를 주문했습니다. 하지만 저에게는 현재 예상할 수 없는 사고에 의해 분실해서는 안 되는 물건들이 있기 때문에 당신에게 도움을 청하고자 합니다. 혹시 저의 금고가 미국으로부터 도착하기 전까지 미국 공사의 귀중품 보관소에 있는 증서 상자를 사용할 수 있을까요? 만약 이러한 요청을 들어주시는 것이 어려우시다면 편안하게 말씀해주시면 됩니다. 하지만 만약 당신이 허락해 주신다면 몇 가지 물건들을 당신에게 맡기고자 합니다.

당신의 우호적인 대답을 기다리며.

진심을 담아
H. G. 언더우드
대리인 [illegible]

안전한 서류 보관을 위한 기탁

원문 p.357

서울, 한국
1906년 4월 5일

패독 씨에게

어제 당신이 보내신 친절한 편지와 거기에 담긴 허가의 말씀에 감사의 마음을 전합니다. 증서 상자는 잘 받았으며 거기에 서류들을 넣어서 보내도록 하겠습니다.

당신의 한결 같은 친절과 배려에 대해서 제가 어떻게 감사를 드려야 할지 모르겠습니다. 당신에게 진 빚이 참 많습니다.

다시 한 번 감사드립니다.

진심을 담아
H. G. 언더우드

고던 패독 귀하
미국 총영사관

원문 p.358

친애하는 패독 씨에게

오늘 날짜로 당신이 보낸 편지에 대해서 깊은 감사를 보냅니다.

국왕 폐하께서 그러한 장식품을 하사하시다니 너무나 감사한 일입니다. 선교부와 관련해서 이러한 선물을 받는 것을 방해받을 일은 전혀 없습니다. 저는 몇 주간 한강 지역에 있었는데 이제 부산으로 내려가 그곳의 바다 공기를 느껴보려고 합니다. 토요일 아침에 출발할 것으로 예상했는데 약 열흘 정도 후에 돌아오게 될 것 같습니다.

잘 지내시길 바랍니다.

진심을 담아

H. G. 언더우드

서울, 한국

친애하는 패독 씨에게

저의 목병이 한두 번 정도 심해지는 것을 다시 경험하면서 의사들의 결정에 따라서 잠시 동안 한국을 떠나는 쪽으로 마음이 많이 기울었습니다. 아직 결정을 내리지는 못했지만 제 생각에는 시베리아를 경유하여 스위스로 가서 그곳에서 저의 형제의 가족들과 여름을 지낼 생각을 하고 있습니다.

여권과 관련된 문제들은 제가 여기서 처리해도 될까요? 아니면, 서류들을 도쿄로 보내서 처리해야 할까요?

진심을 담아

H. G. 언더우드

172 언더우드 선교사의 미국무부재외공관문서 편지

1906년 7월 1일

원문 p.360

패독 씨에게

저의 여권에 관한 일로 문의를 드리기 위하여 당신에게 글을 씁니다. 당신을 번거롭게 하는 것이 송구스럽지만 우리는 현재 상황이 어떠한지에 대하여 간절히 알고 싶습니다. 그것은 우리가 이른 아침 부산행 기차를 타고 이곳을 떠날 것을 고대하고 있기 때문입니다.

빠른 답장에 대하여 감사를 드립니다.

진심을 담아

H. G. 언더우드

1909년

서울, 한국
1909년 8월 14일

원문 p.361

존경하는 T. 새먼스
미국 총영사관

귀하에게

미국 시민인 H. G. 언더우드 선생님을 대신하여 저는 당신에게 돛이 두 개 달린 스쿠너선 한 대가 그의 소유임을 알리고자 합니다. 그 배의 이름은 "춘일호"이며 일본에서 건조된 배로서 1905년 10월 12일자로 미국 총영사관에 등록되어있으며 1908년 4월 17일에 내륙항 운항 자격증이 갱신되었습니다. 몇 달 전 중국의 체푸 지역으로 양도되었으며 현재 중국 세관에 의해 그곳에 억류되어 있는데 적법한 외국항 운항 자격증을 가져오지 않으면 배를 풀어줄 수 없다고 합니다.

그 배를 관리하는 사람이 해주에 있는 용당포 세관에서 외국항 자격증을 신청했을 때, 해당 세관 당국에서는 중국으로 배를 양도하는데 있어서 그가 가지고 있던 자격증으로 충분하다고 하였습니다. 그러므로 뭔가 틀림없이 잘못되었습니다. 그래서 지금,

그 사람이 배는 체푸에 남겨둔 채로 적법한 외국항 운항 자격증을 얻기 위해 여기까지 오게 생겼습니다.

제물포 세관에서 외국항 운항 자격증을 신청할 때 우리는 그 배가 미국 시민에게 속한 것이기 때문에 미국 영사관에서 문서화된 요청서를 가지고 와야 한다고 들었습니다. 그러므로 우리가 제물포 세관에 제출할 요청서를 운송인 편으로 보내주셔서 우리에게 필요한 자격증을 얻는 것을 도와주실 수 있으신지요?

당신의 수고에 미리 감사를 드립니다.

진심을 담아
H. G. 언더우드
대리인 J. W. 허스트

굴드 씨에게

원문 p.363

1909년 9월 27일

제가 오후 내내 밖에 있어서 당신의 답변을 방금 보았습니다. 몇 년 전 콜레라가 이곳에서 발병했을 때 우리는 모화관에 응급병원을 열었고 놀라운 성공을 거두었습니다. 이 일은 에비슨 선생님의 전반적인 지휘 아래에서 웰스 선생님, 언더우드 부인, 그리고 제가 일을 맡아 보았습니다. 지금은 그 공간들이 어떠한지 알지 못하지만 저는 자연스럽게 그 일이 떠올랐습니다.

에비슨 선생님은 이곳으로 곧 오실 것이며 내일이 될 것으로 생각합니다. 몇몇 긴급한 보수와 개조가 있었고, 이후 이 비용들은 치료받은 환자들의 수에 의해 결정되었습니다. 우리가 병원을 열고 수백 명의 환자들을 치료하기 전에 왕실은 모든 비용에 대해 문의하고 지불했습니다. 지금 저 자신은 그때만큼 강건하지 않고 제가 했었던 모든 일을 할 수는 없지만 제 몫을 할 준비는 되어 있습니다. 언더우드 부인은 이질로 인하여 침상에 있다가 이제 막 회복되었기에 많은 일을 할 수는 없을 것 같습니다.

진심을 담아

H. G. 언더우드

언더우드 증서들과 증서함

원문 p.364

서울, 한국
1909년 9월 28일

O. C. 굴드 씨
미국 총영사관, 서울.

굴드 씨에게

미국으로 떠날 때인 약 3년 전 즈음에 제가 두고 왔던 증서함을 김 선생이 가져가도록 해주시지 않겠습니까?

미리 감사를 드립니다.

진심을 담아

H. G. 언더우드

추신. 또한 일전에 당신에게 드렸던 유곽골 부동산 증서도 그가 가져가도록 해주시기 바랍니다. 이에 관해서는 그가 당신에게 말씀드릴 것입니다.

1909년 9월 28일에 김 씨에게 연락이 왔으며 관련된 증서와 언더우드 씨의 개인적인 서류들이 담긴 함을 받았습니다.

서울

원문 p.365

1909년 9월 29일

오즈로 C. 굴드 귀하

미국 총영사관, 서울.

굴드 씨에게

오늘 아침 저는 체푸의 영사관에 있는 포울러 씨로부터 한 통의 편지를 받았습니다. 편지에서 그는 억류되었던 정크선 "춘일호"가 제물포를 향해 떠나게 되었다고 말해주었습니다.

당신이 이 문제로 인하여 신경 쓰신 일에 대하여 감사의 마음을 전합니다.

제가 여름 별장을 소래 해변에 조성할 때 이와 같은 정크선을 사용하는 것 외에는 건축 자재를 운반할 수 있는 다른 방법이 없었습니다. 그러므로 저는 저의 편의에 따라 사용할 수 있는 배 한 척을 소유하는 것이 최선이라고 생각하였습니다. 물론 제가 그 배를 사용하지 않을 때는 그 배를 관리하는 한국 사람이 사용할 수 있도록 하였으며, 지금은 그 배를 구매할 만한 사람이 나타나기를 기다리고 있습니다.

진심을 담아

H. G. 언더우드

1910년

일본의 광고료 원문 p.366

서울, 한국
1910년 3월 1일

존경하는 씨드모어 씨
미국 총영사관

친애하는 씨드모어 씨에게

만약 제가 침대에 누워서 지내야할 상황만 아니었다면 글자로 적고 있는 이 문제를 당신과 의논하기 위해 당장 그곳으로 갔을 것입니다.

지난 몇 주 전에 언더우드 부인은 몇 개의 단추와 핀이 들어있던 보석 상자를 잃어버렸습니다. 그래서 "서울 프레스"와 현지 일본 신문사들 중 하나의 칼럼을 통해서 광고하는 것을 알아보았습니다. "서울 프레스"는 한 주 동안 광고를 내는 것에 대한 비용으로 1.5엔을 청구하였습니다. 그러나 일본 신문사는 동일한 기간 동안 광고를 내는 것에 대하여 광고료로 73.5엔을 청구했습니다. 일본 신문사는 그들의 하루 비용을 적용해서 청구하고 있다고 주장하면서, 그들이 하루에 청구할 수 있는 가장 높은 금액을 청구했습니다. 만약 당신 생각에 제가 이와 같이 지불하는 것이 옳다고 보신다면 저는 그들에게 그렇게 지불할 의향이 있습니다. 그러나 제 생각에는 그들이 청구한 비용이 너무 과도해서 마치 제가 그들에게 광고 삽입을 의뢰할 때 보여준 저의 신뢰를 이용하고 있다는 느낌이 듭니다.

이런 사소한 문제로 귀찮게 해서 죄송합니다. 그러나 저는 이런 경우에 어떻게 처리해야 할지 잘 모르겠습니다.

진심을 담아
H. G. 언더우드

서울
1910년 3월 11일

G. H. 씨드모어 귀하
미국 총영사관.

씨드모어 씨에게

몇 년 전 저는 이 나라에서 건축에 관한 어떤 일을 진행하고자 하였고, 만약 제가 작은 범선을 살 수 있다면 그 일을 더 쉽게 처리할 수 있다는 것을 깨닫게 되었습니다. 그래서 저는 영사관에 문의하였고, 제가 작은 배 한 척을 소유할 수 있는 권한이 있음을 알려주었으며, 그 배를 구매한 후 저의 이름으로 등록함으로써 저의 소유권이 확보되도록 일을 처리했습니다. 그 당시, 제 기억이 정확하다면, 패독 씨가 책임자였습니다. 모든 일이 순조로이 진행되었습니다. 저는 한국 세관으로부터 필요한 서류들을 확보했고, 별 어려움 없이 그 서류들은 세관 당국에 의해 제공되었습니다. 만약이 나라에 제가 항상 있었더라면 진작 그 배를 처분하는 것이 더 좋았을 것입니다. 현재로서 저는 그러한 배를 쓸 만한 일이 없기 때문에 그 배를 처분하고자 합니다. 작년에 제가 떠나있을 때 그 배는 체푸에 가게 되었습니다. 거기서 그 배의 소유권에 대한 문제가 생겨서 체푸의 세관에 배가 억류되는 일이 발생했습니다. 그 문제는 제가 미국 총영사관에 있는 포울러 씨에게 편지를 보내고 나서야 해결되었습니다. 배는 제물포로 반환되었습니다. 그 배는 처음으로 제물포에 있게 되었습니다. 며칠 전 저는 일 년 치의 수수료를 내야만 했습니다(사실 비용을 낼 시기가 지나 다소 연체된 상태였습니다). 그들은 저에게 그에 대한 책임을 물으며 그와 같이 지연된 이유를 해명하는 편지를 보내줄 것을 요청했습니다. 저는 그러한 편지를 제물포로 보냈고, 그들은 저에게 이제 그 문제는 서울로 넘어갔다고 말했습니다. 그래서 저는 맥코넬 씨에게 편지를 써서 그 배가 지연되지 않도록 문제를 처리해달라고 부탁했습니다. 그는 8일 날짜로 다음과 같은 답장을 보냈습니다:

"제가 당신의 편지를 공사님이 볼 수 있도록 처리하고 이후에 당신에게 알려드리겠습니다."

오늘 제가 한국을 떠날 예정이기 때문에, 저는 또 다른 편지를 맥코넬 씨에게 보내서 일이 어떻게 처리되었는지를 물었더니 다음과 같이 답장이 왔습니다.

"제가 이곳 사무실에 있는 담당자들에게 들은 바로는 어떠한 외국인의 배도 조약을 맺지 않은 항구에 들어가거나 거기서 해상무역을 할 수 없다고 합니다. 죄송합니다만 제물포 세관은 당신의 항해용 배를 위해 허가를 내주지 않을 것입니다."

비록 제가 며칠간 한국을 떠나는 바람에 다음 주 초까지 당신을 볼 수 없게 되었지만, 이 편지를 당신에게 즉시 보내는 것이 낫다고 생각하였습니다.

진심을 담아

H. G. 언더우드

서울, 한국

1910년 3월 16일

원문 p.370

존경하는 G. H. 씨드모어
미국 총영사관.

친애하는 씨드모어 씨에게

토종 한국 종교 주간지와 관련하여 최근에 신문들이 내보내는 내용들에 관해서, 예외적인 경우가 발생한 그 주간지 기사의 번역 사본을 당신에게 보냅니다.

만약 제가 직접 그 주간지를 편집하는 사람이었다면 저는 그러한 기사를 포함시키지 않았을 것이며 적어도 그와 같은 제목을 달지는 않게 했을 것입니다. 신문사들이 제공한 번역들은 당신이 보다시피 매우 과장되어 있습니다. 현재 상황을 보자면 이러한 종류의 주제는 그런 주간지에서는 다루지 않는 것이 좋았습니다.

제 생각에는 그 주간지와 저의 관계를 당신이 아는 것도 괜찮을 것 같습니다. 그 주간지는 한국의 장로교회의 기관지입니다. 그 주간지는 제가 의장을 맡은 한 위원회의 통제와 조직 아래에서 출간된 것입니다. 그것을 우체국에 등록할 때 저는 제 이름이 언급되는 것을 결코 원하지 않았습니다. 저는 그것이 한국 장로교회의 이름으로 등록되기를 간절히 원했습니다. 그러나 언론국에 있는 아오키 씨가 그것의 등록은 반드시 개인의 이름이나 그 신문을 발행하는 위원회 의장의 이름으로 되어야 한다고 말했습니다.

1910년 **183**

저는 그 신문에 어떤 내용이 포함될지에 관하여 결정하는 어떠한 법적 권한도 가지고 있지 않습니다. 그러나 이번에 한국인들이 낸 주관지의 기사를 보고 나서, 저는 앞으로 그 신문에 포함되는 내용에 대한 감독권을 확보해야겠다는 생각을 하였습니다. 왜냐하면 그 신문의 의도는 결코 정치성을 띠는데 있지 않으므로 밖에서도 그렇게 보이는 일이 없어야 하기 때문입니다. 그 신문의 기사는 그저 한국이 현재 상황에 오게 된 이유는 국민이 올바로 처신하지 않았기 때문이라고 말하고 있을 뿐입니다. 그리고 이러한 내용은 이토 공이 했던 말을 그저 반복하는 것일 뿐입니다. 이토 공은 종종 "만약 한국인들이 남자답고, 지적이고, 의롭고, 정직하게 된다면 다시 독립할 수 있을 것이다"라고 주장했습니다. 하지만 여기서 제가 강조하고 싶은 것은 그 신문의 기사가 아니라 제가 그 신문과 가지고 있는 관계의 성격입니다. 또한, 저는 앞으로는 이 신문이 심지어 표면적으로 보기에도 정치적이라는 오해를 받지 않도록 앞으로 신문에 들어갈 내용을 감독하겠다고 당신에게 알리는 바입니다.

만약 당신이 이 신문에 대해서 추가적인 질문이 있다면 기꺼이 대답해 드리겠습니다.

진심을 담아

H. G. 언더우드

주제: 범선의 코스팅 라이선스

원문 p.372

서울, 한국
1910년 3월 16일

존경하는 G. H. 씨드모어
미국 총영사관.

친애하는 씨드모어 씨에게

저의 생각에 아마 그러한 조건이라면 우리가 그 배의 소유권을 변경하는 것이 더 나을 것 같습니다. 제가 신뢰하는 조수인 J. K. S. 김 군의 명의로 하면 좋겠습니다.

김 군에게 그렇게 하기 위하여 요구되는 절차들이 무엇인지 친절하게 알려주시기를 바랍니다.

진심을 담아
H. G. 언더우드

1910년 3월 16일 오후 2시 30분 - 그와 면담하였습니다. 그에게 선박 면허의 갱신을 위하여 세관 신청에 대한 답변을 기다리라고 하였고, 영사 규정 345호를 읽어주었습니다.

서울, 조선
1910년 12월 12일

G. H. 씨드모어 귀하
미국 총영사관.

친애하는 씨드모어 씨에게

당신의 제안에 따라서 저는 오늘 오후에 코마쭈 씨와 만났지만 결과는 만족스럽지 않았습니다.

코마쭈 씨는 이 일에 그렇게 끼어들고 싶어 하지는 않아 보였습니다. 그가 너무 바빴기 때문에 다소 짧은 만남이 되었습니다. 최종적으로 그가 말한 것은, 내무부의 감독인 우사미 씨(최근 교육부의 수장인 세키야 씨와 함께 웨이주와 그 지역 근방을 방문하고 돌아온 분)가 내일 회담 때 부서에 있을 것이며 그가 저에게 그들이 결정한 내용들을 그 다음 날에 알려줄 것이라고 하였습니다.

저는 당신이 말하셨던 내용을 그에게 전달했고, 또한 그가 원하기만 한다면 모든 문제를 아주 쉽게 해결할 수 있을 것이라고도 말해 보았습니다. 그리고 그가 대답한 내용은 제가 위에서 말씀드린 것입니다.

제가 막 떠나려고 할 때 그는 저에게 물었습니다. "그렇다면 저는 당신이 그 합병을 원하지 않는 것으로 알면 되는 것인가요?"

저는 "그렇습니다"라고 대답했습니다.

비록 만족스럽지는 않을지라도 저는 당신이 결과를 알기를 원하실 것이라고 생각해서 이렇게 편지를 보냅니다.

진심을 담아
H. G. 언더우드

서울
원문 p.375

1910년 12월 15일

존경하는 G. H. 씨드모어
미국 총영사관.

친애하는 씨드모어 씨에게

<u>북쪽에 있는 학교들을</u> 합병하는 문제를 놓고 코마쭈 씨로부터 받은 전보를 편지에 동봉해 놓았습니다.

코마쭈 씨의 편지는 아주 만족스러운 내용을 담고 있으며 더 이상 이에 대해서 어떠한 문제도 없기를 희망합니다.

당신의 조언과 도움에 감사를 드립니다.

진심을 담아
H. G. 언더우드

1911년

정주의 기독교 목사에 대한 벌금 부과

원문 p.376

서울, 한국
1911년 2월 11일

Geo. H. 씨드모어 귀하
미국 총영사관, 서울.

친애하는 씨드모어 씨에게

얼마 전 평북(平北) 정주(定州)의 치안부 지역 당국자들이 우리의 기독교 학교들 중 하나를 공립학교들 중의 하나와 강제로 합병시키려고 하였습니다. 당신은 이 문제를 기억하고 있을 것입니다. 이후로 그들은 학교를 대신하여 교회가 모은 기금의 문제에 대해서 또 다른 어려움을 겪고 있습니다.

모금은 교회의 구성원들에게서만 이루어졌는데, 지역 당국은 허가 없이 기금을 모으는 것은 불법이라고 말합니다. 그 이유로 해당 교회의 목사와 학교의 교직원 한 명이 각각 10엔과 7엔의 벌금을 부과 받았습니다.

저는 이 문제로 와타나베 판사에게 연락을 취했는데 그는 <u>교회</u>

의 구성원들 중에서 모금된 기금에 대해서는 그런 식으로 법이 적용될 수 <u>없다</u>고 말했습니다. 그는 그 법이 "공적 기금"에 대해서 적용되는 것이지 "내적 기금"에 대해서는 상관이 <u>없는</u> 것이라고 말했습니다. 그가 덧붙여 말하기를, 그 자신이 본인의 교회 구성원들로부터 기금을 요청하여 교회 하나를 지을 계획이며 이에 대해서 허가를 받을 생각도 없고 앞으로도 그럴 계획이 없다고 말했습니다. 맥쿤 씨가 서울에 왔을 때 세키야 씨를 만났는데 세키야 씨도 해당 법이 이러한 경우에는 적용되지 않으며 추가적인 문제가 발생하지 않을 것이라고 확답을 했습니다. 그러나 맥쿤 씨가 세키야 씨와 대화를 한 후에 저는 로버츠 씨로부터 또 하나의 편지를 받았습니다. 그 편지의 사본을 여기에 첨부합니다.

만약 당신이 이 문제에 대해서 우리에게 조언해줄 수 있다면 감사할 것 같습니다. 우리는 법을 어기고자 하는 마음이 전혀 없으며 올바른 일을 지지하는 사람들이 되기를 바랍니다.

진심을 담아
H. G. 언더우드

1911년 2월 15일 - 언더우드 선생과 면담하였습니다.

서울

1911년 2월 17일

Geo. H. 씨드모어 귀하
미국 총영사관, 서울.

친애하는 씨드모어 씨에게

당신을 만나고 나서 저는 <u>교회의 모금</u>에 관한 문제를 놓고 코마쭈 씨와 세키야 씨와 함께 상의해 보았습니다. 그들은 저에게 해당 문제를 조사할 것이며 경찰 편에서 무슨 말이 나올지를 알아볼 계획이라고 확답을 해주었습니다. 하지만 그들은 교회의 구성원들로부터 교회에서 확보된 기금들에 대해서는, <u>비록 그것이 학교들을 위한 것일지라도</u> 어떠한 허가서도 필요하지 않다고 말했습니다.

저는 모든 문제가 해결될 것이라는 확답을 추가로 받았습니다. 저는 당신에게 연락해서 당국자들과의 대담 결과를 알리는 것이 좋다고 생각했습니다.

당신의 조언과 도움에 대하여 미리 감사를 드립니다.

진심을 담아

H. G. 언더우드

원문 p.379

서울
1911년 6월 19일

존경하는 Geo. H. 씨드모어
미국 총영사관, 서울.

씨드모어 씨에게

저에게 대구의 H. N. 브루엔 목사님을 위한 법적 서류를 발행해서 보내주실 수 있겠습니까? 이를 위한 비용으로 4.04엔을 편지에 동봉해 놓았습니다.

미리 감사드립니다.

진심을 담아

H. G. 언더우드

그가 이것을 자기를 대신하여 제가 받아줄 것을 요청했습니다. 저는 방금 평양으로부터 돌아왔습니다. 당신이 잘 계시기를 바랍니다. 진심으로 감사드립니다.

진심을 담아

H. G. 언더우드

같은 날 그의 수표장과 함께 서류를 발행했습니다.

서울, 한국
1911년 10월 25일

원문 p.380

존경하는 씨드모어 씨에게
미국 총영사관.

귀하에게

지금 저는 막 북쪽에 있는 센센의 샤록스 선생님과 맥쿤 씨로부터 다음의 전보를 받았습니다.

언더우드, 서울

7명의 교사들과 16명의 학생들이 체포되어 열차를 타고 서울로 이송중입니다. 이유는 알 수 없습니다. 우리는 서울에서 통지가 올 때까지 이송을 지연시키려고 하였으나 저항에도 불구하고 당국자들은 그들을 데리고 가버렸습니다. 씨드모어 씨와 상의해보시고 저희에게 어떻게 해야 하는지 알려주시기 바랍니다. 오늘밤 열차가 도착하니 나가보시기를 부탁드립니다.

샤록스 맥쿤

저는 이 내용을 당신에게 직접 전달하는 것이 최선이라고 생각했습니다. 어떤 일을 해야 할지, 어떠한 조언을 주어야 할지 저는 모르겠습니다. 다만 당신에게 이 사실을 전달하는 것만이 현재로 제가 할 수 있는 일입니다. 당신을 불필요하게 방해하고 싶지 않아서 이 내용을 이렇게 전달합니다. 당신이 보기에 어떠한 조치가 취해져야 하는 것처럼 보입니까? 제가 그쪽으로 가서 당신과 이에 대해서 상의하는 것이 좋겠습니까? 아니면 좀 더 자세한 정보가 주어질 때까지 대기하는 것이 좋겠습니까? 현재 상황으로는 더 이상의 세부적인 내용들은 알기 어려워 보입니다.

당신의 판단을 기다립니다.

진심을 담아

H. G. 언더우드

1911년 10월 26일 오전 10시 - 언더우드와 저다인과 면담했습니다. 그들에게 나는 [illegible] 미국의 국익에 어떤 영향을 미치지 않는 이상 이 일에 간섭할 수 없다고 말했습니다.

1912년

철도청에 의한 보관비용

원문 p.382

서울, 한국
1912년 10월 11일

H. G. 언더우드

존경하는 G. H. 씨드모어
미국 총영사관
서울, 조선.

친애하는 씨드모어 씨에게

철도청에 대한 저의 항의서의 사본을 여기 보냅니다.

이 문제가 당신에게 그저 알려드리기만 하고 말 문제인지 아닌지는 저도 잘 모르겠습니다. 그들은 열흘 대신 이틀로 보관일을 처리하는 것으로 시간에 있어서 양보는 했지만, 문제는 비용이 터무니없다는 것입니다. 저는 월요일 아침에 가장 빠른 배달을 이용하기를 바랐으며 여기에 비용이 청구되어서는 안 된다고 생각합니다. 그러나 저는 당신의 제안에 전적으로 따르겠습니다.

진심을 담아

H. G. 언더우드

HGU/MH

1912년 10월 15일 - 그와의 대화를 위하여 네빌 씨를 보냈고 제안했습니다.

1-일요일은 철도로 배달하는 날입니다.

2-그는 운송 중개인을 고용하지 않았습니다.

네빌 씨가 돌아와서 언더우드 선생이 항의를 지속하고 싶어하지 않는다고 보고

합니다.

서울, 한국
1912년 10월 11일

원문 p.384

H. G. 언더우드

존경하는 G. H. 씨드모어
미국 총영사관
서울, 조선.

친애하는 씨드모어 씨에게

제가 며칠 전에 말씀드렸던 석탄의 문제에 관해서, 저는 다음과 같은 사실들을 제시하고자 합니다.

9월 25일, 안동의 G. L. 쇼 씨가 저에게 24톤의 석탄을 배송하는 문제에 관해서 편지를 했습니다. 저는 그 편지를 26일 아침에 받고나서 즉시 철도청에 전화를 걸어서 석탄이 도착했는지를 물었습니다. 그들은 그것이 아직 도착하지 않았다고 말했습니다. 그들에게 도착하는 즉시 저에게 알려줄 것을 부탁하고 나서 저는 기다렸습니다.

그들로부터 어떤 소식도 들을 수 없어서 저는 선하증권을 지참한 사람을 철도청의 화물부서로 보내서 물품이 도착했는지를 물어보게 했습니다. 그때 그들은 처음에는 저의 대리인에게 물품이 거기 있다고 말했습니다. 하지만 그를 세관에 있는 화물 보관 장소의 이곳저곳을 살펴보게 한 후에, 물품이 도착했다는 처음의 말과 다르게, 아직 그것이 수령되지 않았다고 말했습니다.

10월 5일 토요일, 오후 6시경까지 그들로부터 아무런 소식도 들을 수 없었습니다. 그런데 그날 그들이 전화로 연락해서 왜 우리가 이미 도착한 시간이 지난 석탄을 가지러 오지 않는지를 물었습니다.

일요일이 끼어 있었기 때문에, 저는 물론 [illegible] 하는 것과 배달물을 가져가는 것을 월요일 9시경까지 할 수 없었습니다. [illegible] 놀랍게도 그들은 보관비용을 10일의 기간에 대해서 톤당 및 하루 당 [illegible]의 이용료로 요구하였습니다. 이에 대해서 저는 이의를 제기했고 저의 아들을 용산에 있는 오야 씨의 사무실로 직접 보냈습니다. 이러한 [illegible]는 배달물을 취하는 데 하루만큼의 지연을 초래했습니다.

철도청의 하리타 씨가 조율을 하기 위해 화요일에 통역자와 여기에 [illegible] 그리고 [illegible] 그들은 [illegible]부터 8일까지의 지연에 대해서만 비용을 청구하고, 운송을 위해서 24시간을 허용해 줄 것이며, [illegible] 이틀에 대한 초과 보관비용을 [illegible]. 물론 저는 이에 대해서 다음과 같은 이유로 반박했습니다. 즉, 제가 월요일 아침에 처음 [illegible]로 배달물을 가져갈 준비가 되어 있었으며 토요일 저녁 [illegible]에 연락이 왔기에 제가 그것에 대해서 [illegible] 월요일 아침까지 어떠한 조치도 취할 수 없었고 [illegible] 결과적으로 제가 책임을 져야만 하는 어떠한 지연도 없었다고 말입니다.

24톤의 석탄에 대한 비용을 청구하는 대신, 그들은 자신들의 판단에 따라 27톤이라는 총 중량에 대한 비용을 청구하였으며, 석탄을 창고에 넣어 준 것에 대해서도 비용을 청구해서 총 29.70 엔을 내라고 하였습니다. 저는 해당 금액을 지불했으나 제가 이에 동의하지 않는다는 사실을 통역자가 특별히 주의를 기울이도록 했습니다. 그리고 그가 보는 앞에서 빨간색 잉크로 각각의 영수증에 표기를 했습니다. "언더우드가 지불은 했으나 청구된 비용에 대해서 반대함."

저는 요금에 대해 항의를 한 상태로 비용을 지불하는 것이 최선이라고 생각했으며 당신에게 직접 이 문제를 보고합니다. 저는 두 가지 이유 때문에 반대합니다.

첫째, 공지가 토요일 밤 6시에 도착했습니다. 그리고 일요일은 휴일이었기 때문에 제가 배달물을 월요일 전까지 가지러 갈 수 없었습니다. 지연은 오직 그들이 초과 보관비용을 내도록 하려고 했기 때문에 발생한 것이며 저는 화요일에 물품을 수령했습니다.

둘째, 매일마다 1톤당 50센이 부과되는 초과비용은 비쌉니다. 저는 여기에 그들이 총 29.70엔을 청구한 4개의 영수증을 함께 보내드립니다.

진심을 담아.
H. G. 언더우드

HGU/MH

1913년

엽총의 수입허가

원문 p.387

서울, 한국
1913년 5월 31일

H. G. 언더우드

조지 씨드모어 귀하
미국 총영사관,

친애하는 씨드모어 씨에게
　당신은 저에게 <u>엽총의 총열 한 세트</u>를 들여오기 위한 허가서를
발급해주실 수 있겠습니까?
　저는 제조업체의 이름을 포함한 정보가 담긴 총열의 세부사항
들이 정리된 설명서를 먼저 드려야 한다는 것을 알고 있습니다.
하지만 이러한 정보를 전달하는 것이 현재 불가한 상황입니다.
그 엽총은 뉴욕에서 제가 구매했던 것인데, 제가 짐을 쌀 때 총의
개머리판만 챙겨놓았습니다. 어찌 된 영문인지 모르겠지만 총열
을 챙기는 것은 잊어버렸습니다. 나중에 이 총열을 시카고의 몽

고메리 와드 업체의 담당자들이 두 개의 타자기와 함께 저에게로 보냈습니다. 현재 이 물건들은 제물포의 세관에 억류된 상태이며 허가서가 있어야만 들여올 수 있는 상황입니다.

이 문제에 대하여 당신이 주실 도움에 대해 미리 감사드립니다.

진심을 담아

H. G. 언더우드

공식적인 '메모'를 작성하여 총열의 구경, 제작자, 도착일자, 증기선에 대해서 확인한 후에 경찰 당국에 직접 신청하도록 답을 주었습니다.

파일 넘버. G24

1914년

토지 - 언더우드

원문 p.389

서울, 한국
1914년 2월 2일

H. G. 언더우드

존경하는 R. S. 커티스 씨
총영사 대행, 미국 총영사관.

귀하에게

지난주 정부 조사를 통해서 나온 면적 측정치가 저의 집에서 소장 중인 정식으로 등록된 토지 증서에 나온 면적과 모화관(최근 정부가 타케소에 쵸 니코메라는 새로운 이름을 붙였습니다)이라고 알려진 구역에 있는 저의 땅의 면적과 큰 차이를 보인다는 것을 발견했습니다. 그래서 저는 조선총독부의 토지 조사 부서의 관리자에게 편지 한 장을 보냈습니다. 당신도 이 내용에 대해서 알고 있다고 여기며 그에게 보낸 편지의 사본을 첨부합니다.

언더우드 선교사의 미국무부재외공관문서 편지

당신을 귀찮게 해서 죄송하며 당신의 친절에 감사를 드립니다.

진심을 담아.
H. G. 언더우드
대리인 S.P.

HGU/SP

언더우드 선생님은 이 편지에 서명을 하시기 전에 호출을 받았
습니다.

사본

원문 p.397

1914년 2월 2일

토지조사부서 관리자 각하
조선총독부

귀하에게

저는 실례를 무릅쓰고 아래에 열거된 부동산의 면적과 지난 주 서울에 공시된 정부 조사에서 제시된 면적 사이에 큰 차이가 있음을 당신에게 알려드리고자 합니다. 이 일에 있어서 저는 당신의 친절한 관심을 얻기를 간청합니다.

(1) 西部 竹添町 二丁目 所在 一二六垈及火田
(2) 西部 御成町 所在 三四垈

당신의 친절한 호의에 미리 감사드립니다.

진심을 담아
H. G. 언더우드

HGU/SP

토지 조사 - H. G. 언더우드

원문 p.392

서울, 한국
1914년 2월 23일

H. G. 언더우드

남문 밖, 서울.
존경하는 R. S. 커티스
미국 총영사관

서울 서쪽 지역에 있는 모화관에 위치하고 있는 저의 부동산(정부에서 정한 이름은 타마 카와 초입니다)에서 발생한 불일치에 관하여 편지를 드립니다. 그것에 관해서는 제가 2일에 보내드렸던 편지에서 언급하였습니다. 해당 부동산은 126번 부지로 알려져 있습니다. 즉시 저는 다음과 같은 서류들을 조선 총독부의 토지조사부 관리자에게 제출할 필요가 있다고 느꼈습니다. 그러므로 저는 오늘 아침 그에게 제출한 서류들의 사본을 당신에게도 보냅니다. 상황에 부합하여 당신에게도 알려드리는 것이 올바른 일이라고 판단했기 때문입니다.

당신의 친절함에 감사를 표합니다.

존경을 담아

H. G. 언더우드

HU/SP

사본

서울, 한국
1914년 2월 23일

토지조사부서 관리자 각하
조선총독부

귀하에게

Lot No.126으로 알려져 있는 서울 서부의 타마 카와 마키에 있는 저의 부동산 지도를 살펴보면서, 조사가 이루어졌을 때 저의 말뚝들의 일부가 간과됨으로써 120여 평의 차이를 가져온 근본적인 오류를 발견하였습니다.

결과적으로, 저는 결국에는 조정되게 될 이 문제에 대한 당신의 친절한 관심을 간청 드리며 여기에 필요한 서류를 동봉합니다.

이와 같은 방해에 사과드리며 당신의 친절한 호의에 미리 감사드립니다.

진심을 담아
H. G. 언더우드

HGU/SP

1915년

원문 p.395

서울, 한국
1915년 2월 28일

H. G. 언더우드,
R. 커티스 귀하
미국 총영사관

커티스 씨에게

부엌에서 사용할 용도로 저는 미국에서 저울 2개를 주문했습니다. 그것은 1915년 2월 20일 제물포에 사쭈마 마루 선에 실려서 도착했습니다.

E. D. 스튜워드사는 이 물품이 세관에 붙들려 있다고 합니다. 부디 해당 물품이 운송될 수 있도록 허가서를 발행해주실 수 있겠습니까? 이 물건들은 그저 부엌에서 사용할 용도로 가져온 겁니다.

당신의 친절한 관심에 감사를 드립니다.

진심을 담아
H. G. 언더우드

HGU/SP

제목: 저울의 수입

원문 p.396

서울, 조선
1915년 3월 1일

미국 총영사관
K. 아라이 귀하
재정부 관리자, 조선 총독부

귀하에게

만약 법과 규제에 위반되지 않고 또 발행이 될 수 있다면, 거래를 위한 목적이 아닌 H. G. 언더우드 가족의 사용을 위한 목적으로 진센 세관소를 통해서 두 개의 저울을 들여오는 것에 대한 허가서를 발행해주실 것을 정중하게 부탁드립니다.

허가서를 진센에 있는 E. D. 스튜워드사 본부에 전달해 주시면 감사하겠습니다. 이 저울들은 1915년 12월 2일 사쭈마 마루 선을 통해서 배송되었습니다.

근배
랜스포드 스티븐스 밀러
미국 총영사관

1915년 3월 10일

랜스포드 스티브스 밀러 귀하
미국 총영사관

귀하에게

　H. G. 언더우드 선생 가족의 사용을 위하여 두 개의 저울을 들여오는 문제에 관한 당신의 이달 3일 편지에 대하여 응답합니다. 저는 해당 저울들이 상업이나 증명서 교부를 위해 쓰이지 않는다는 점을 고려하여 제물포 세관의 담당자가 그것들을 들여오는 것을 허가했음을 알려드립니다.

　K. 아라이
　조선총독부 재무부 관리자

원문

1888

Seoul, Korea
April 4, 1888

To Col. Ch. Chaille' Long
Secretary of U.S. Legation
etc etc etc.

Dear Sir,

Yours of yesterday together with five deeds of houses & enclosing transcript of remarks made by Foreign Office came duly to hand.

Transcript says that five deeds are neither signed or mentions the cost. I have had all the five deed examined & find the signatures attached to all but no mention of price.

If I just mentions the price or insert it in the deeds will that be sufficient

Awaiting instructions.

Yours Truly
H. G. Underwood

Seoul, Korea
April 6, 1888

To Hon. H. A. Dinsmore
U.S. Minister

Dear Sir:

Would you please kindly process a passport for me to travel in the province of Kyung Kui Do, Whang Hai Do, Pyang An Do, Han Kyung Do, & Kang Won Do.

Yours Sincerely
H. G. Underwood

Seoul

April 9, 1888

To Col Chaille-Long

Secretary of U.S. Legation

etc. etc. etc.

Dear Sir:

I beg herewith to return to you the deeds sent for correction. In the case of the only man I could find I have provided a new deed. In the case of the other four deeds I sent to the Mayors office a statement of the facts & to this be affixed his seal.

Trusting that these are now all right I send them.

Many thanks for the passport just to hand.

Yours Respectfully

Horace G. Underwood

Pyong Yang
May 2, 1888

The Hon. H. A. Dinsmore

U.S. Minister Resident

Seoul, Korea

Dear Sir:

In our telegram to you this morning we state our decision with the request that the Government be informed about it. It may surprise you somewhat to hear that we intend going on, but nothing of returning to Seoul is said in your letter and we desire to see the north of Korea. We cannot undo any work we may have done that is displeasing to the Korean Government, but we assure you we shall from this place on "refrain from teaching the Christian religion and administering its rites and ordinance to the Korean people." We believe the Korean Government has no objections to our travelling as simple Americans out on a sight-seeing town. But should there be objections to even this or should the Government doubt our word, if you will telegraph us at [illegible] we shall discontinue the trip. We hope however our word will be accepted and that you will have no difficulty with the Korean Government about us.

With yourself we hope "the time may soon come when we can freely and unrestrainedly offer the benefits of our religion to the people of this county."

We are

Dear Sir

Your Obedient Servants

H. G. Appenzeller

H. G. Underwood

Seoul Korea
May 28, 1888

To Col Ch. Chaille-Long

Dear Sir:

I desire to call your attention to what is a public nuisance & to invoke your kind aid in ridding us of it. A few mornings ago as I went out of my gate I found a scavenger making a compost heap just outside. I at once ordered it to be moved & this was done but it was simply carried up a little higher & now between my house & the West Gate there is reeking heap of compost right on the road. Were it on an individuals private property it ought to be carried away but when it's remembered that it is right on the public road it seems as though it ought to be stopped.

Trusting that you will kindly give this some attention & aid the community in ridding itself of this nuisance I remain

Yours Respectfully

H. G. Underwood

Seoul, Korea
July 24, 1888

To the Hon. H. A. Dinsmore
U.S. Minister Resident and Consul - General
to Korea.

Dear Sir;

I desire to call your attention to the following case of Fraud on the part of a Korean and to invoke your aid in bringing the offender to punishment. On Jan. 26th. 1888 I gave to a Korean named Pak Ken Yang, the sum of $250.00 for the purchase of a house, the deed, or rather what purported to be the deed of which he placed in my hands. A few days ago I heard that the xxxx said house was offered for sale and on stating that this could not be the case as the deed was in my possession, learned that the true deed with a number of the old deed were in the possession of Mr. Pak ken Yang and that he was doing his best to arange[sic] quickly for the sale of th same.

I at once sent for Mr. Pak Ken Yang and after much denying and talking by means of threats forced him to an acknoledgement[sic] of the fact and to a surrendering of the deeds. While I have now got the deeds in my possession, I do not think that the matter ought to be allowed to rest there and for the sake of the remaining foreigners and for ourselves who are obliged to purchase houses through the medium of Koreans would request that you kindly put this matter before the proper Korean authorities and thus aid in bringing this xxxx man to justice and protecting us in future.

I nmow[sic] have in my possession the forged deed and all the evidence that can be needed for the man's conviction and as there is some chance of the man trying to run away and avoid justice would be glad if this could be attended to at once.

Yours Respectfully

H. G. Underwood

Seoul, Korea
August 9, 1888

To the Hon. H. A. Dinsmore
U.S. Minister Resident & Consul - General
to Korea.

Dear Sir;

On the 24th of July last I wrote you calling your attention to a case of forgery and attempted fraud on the part of a Korean named Pak Ken Yang, and asking your aid in bringing the man to punishment. Since then I have been unable to hear of anything that has been done on the part of the Koreans and would be glad to know if they have [illegible] or do intend to, take any steps in the matter.

Yours Respectfully
H. G. Underwood

Seoul, Korea
August 11, 1888

To the Hon. H. A. Dinsmore
U.S. Minister Resident & Consul - General
to Korea.

Dear Sir;

Your kind note of Aug. 9th in reply to mine of the same date concerning the matter of attempted fraud on the part of Mr. Pak Ken Yang and stating that the matter had been officially reported to the Foreign Office was duly received by me. On the receipt of the same I at once took steps to ascertain what had been done by the Korean government in the matter and find that as far as Mr. Pak Ken Yang is concerned nothing at all has as yet been done. No attempt has been made to arrest Mr. Pak Ken Yang nor even to investigate the matter.

Believing that for our own security against fraud as well as that of all Foreigners in Seoul the matter ought not to be left here I take the liberty of again addressing you and asking your aid in this matter.

Yours Respectfully
H. G. Underwood

Seoul, Korea

August 23, 1888

To the Hon. H. A. Dinsmore

United States Minister Resident

& Consul - General.

Dear Sir;

From time to time numbers of Koreans have applied to us to be taught English and the various Western Sciences, And desirous of in some way supplying this need, we have thought that it would be to the advantage of Korea and of the Korean government to open and carry on a school and college similar to the great Universities of Europe & America. In this school English and the Modern languages, Civil Engineering & other practical sciences, Medicine, Law and in fact all the useful professions will in time be taught.

However before we open this school; it is our desire to acquaint His Majesty the King of Korea with our plans, to ascertain in his opinion of the advisability of this step, and, if it meets his approval, to request His most gracious permission to open such a school, to carry it on for the benefit of Koreans and to grant to those who pass the proper examinations degrees similar to those given at institution of a like character in America.

In addressing you, it is our desire to secure your assistance in acquainting His Majesty with our plans and, if these plans meet with your approval, in obtaining the above permission from Him.

Trusting that you will feel able to support us in this request we remain

Yours Most Respectfully

J. W. Heron, MD

H. G. Underwood

1889

Seoul

August 12, 1889

To Hon. H. A. Dinsmore

U.S. Minister Resident

Sir

Yours of Aug 7th about money due the Foreign Office did not reach me till yesterday (11th). About the amount however it had already been paid & I enclose herewith the Foreign Office receipt for the same, rec'd on Aug 8th. Could you kindly let me have the two notes that cover the amount.

Yours Most Respectfully

H. G. Underwood

August 24, 1889

To H.E. H. A. Dinsmore

U.S. Minister Resident & Consul General

to Korea

It has come to my knowledge that a Korean, named Kim Chang Yun, a Chusah, now engaged in overseeing the building of the new Palace, in collusion with another Korean named Han of Song Do caused the arrest of a Mr. Kim living in the Northern quarter of this city & attempted to extort from him the sum of three hundred thousand cash on the plea that it was money due me. Under torture Mr. Kim's note for three hundred thousand cash was given & he at once, on his release called on me & announced the facts as stated above, asking what money he owed me.

As I told him, the first I heard of the matter was from his own lips. He does not & never has owed me a cash & in fact I had not met him till then. This information when it first came to me I felt inclined to doubt but it is now a matter of common talk among the Koreans & I have every reason to believe that it is true.

As such actions as this can not but be injurious to my good name among the Koreans & be detrimental to the name that Americans have with them I write to invoke your good services in getting the Korean to investigate the matter & if possible to stop the names of Americans being used in such extortions.

Yours Respectfully,

H. G. Underwood

1890

April 8, 1890

Dear Mr. Heard

The committee on Dr. Heron's medical acc'ts appointed by the Mission find a number of accounts due & before sending out bills would like to know whether any [illegible] Morse Townsend & Co have communicated with you about the matter.

Yours Sincerely,

H. G. Underwood

Seoul Korea
July 21, 1890

Dear Mr. Heard:

Herewith the deeds. There are three for the same place because it originally was three Korean huts.

Yours Sincerely,
H. G. Underwood

Dear Mr. Heard:

Mr. Gifford as treasure of our Mission is Chairman of the Committee to look after all such matters & is the proper person to receive all payments.

Yours Truly,
H. G. Underwood

August 5, 1890

Dear Mr. Heard

Herewith a copy of Art 24 that bears upon the subject and of course if the state department decide that it is necessary all the book etc will be open for your rejections etc.

Yours Sincerely

H. G. Underwood

Art No. 24 from the Presbyterian Mission Manual

Art 24. The object of missionary life must ever be held sacred-the preaching of Christ and [illegible] crucified; be if, without turning aside from this object, missionaries should be temporarily led by providential circumstances, with the consent of the Mission and the approval of the board, to engage in work on the filed that yields then pecuniary remuneration, the monies so received should be turned over to the treasure of the Mission and reported to the Treasure of the Board. In such cases missionaries will continue to draw their [page missing].

1891

April 4, 1891

Dear Mr. Heard:

In reply to your inquiry concerning the application for permission to acquire property at Fusan I would state that we saw the deputy of the Superintendent of Trade & applied for property on which to erect a house for Mr. Baird & one for a doctor to come in the future.

Yours Sincerely

H. G. Underwood

1894

Seoul, Korea
April 9, 1894

Dear Dr. Allen

Yours of saturday to hand. In reply would say that as we all not in communication with General Muir we would esteem it a favor if you would convey our reply to him or else put him in direct communication with him.

We are not particular about the site & regret much that we have selected one that is in anyway distasteful to General Muir.

We simply are desirous of finding a suitable place to spend the summer away from the heat of the city. If then General Muir would use his influence to have another site selected that would suit us we would most gladly exchange deeds.

Trusting that this will not be bothering you.

Yours Sincerely
H. G. Underwood

July 16, 1894

Dear Mr. Sill

I had meant to speak to you the other day about the Japanese soldiers constantly using our place at the Mo Hwa Kwan as a thoroughfare but forgot. They will however persist in doing so despite all that I have said, and all that the Korean superintendent says & despite the fact that he shows them the American flag that is flying there.

This morning a great company of them tramped over a newly ploughed field, they push aside & trample under foot the little bramble fences that we put up. The road round is longer theirs making a road of our place & that is their reason for doing so.

I am sorry to have to bother you about this but if they can be kept off it will be a great blessing to us.

Yours Sincerely

H. G. Underwood

1897

February 12, 1897

Dear Mr. Sill

Word has just reached here that certain men calling themselves Christian are again in the name of Christianity & with the use of my name extorting money from the people in the district of Pyong San in Hwang Hai Province. Two men who live in the town of Kirin(기린) in the above province, one named Pak Yung Eui(박영의) & one named Choi Dok Sou(최독수), have put on foreign clothes which they claim to have received from me & in my name have been forcing people to pay them money.

Now a man named Chang Won Sik(쟝원식) comes & claims that his brother(쟝쥬식) Chang Chu Sik has been locked up in jail by the magistrate of Pyong San at the request of the above two men which two men claimed that I had ordered the arrest of the said Chang Chu Sik. The young brother Chang Won Sik says that on his appealing to the magistrate of Pyong San, the magistrate said that he could not release his brother Chang till he had a letter from me. He comes to me & asks why his brother is arrested.

Can the matter be looked into & such matter put an end to.

Yours Sincerely

H. G. Underwood

1898

Seoul, Korea
June 10, 1898

To Dr. Allen: -
U.S. Legation, Seoul, Korea.

Dear Dr. Allen: -

Your kind letter of this date received this morning & in reply I would state as follows;

I may be wrong but I think I have a right to ask that the same rate be charged me as in charged to others. It seems to me that this is practically allowed by their statement that they have reduced my rates till the contract expires. All I ask now is that I have the same privileges that are granted to others as long as they have them.

The matter of a reduction of 2 sen per pound is a small matter but when it comes to paying 5 & 6 times as much as is now being charged to anther paper it is something different. The rate that the Independent now pays is just about the same rate that is paid in the United States by the publishers of papers. I do not know whether anything can be done later on when they attempt to raise the price still higher than what, I am paying now but if they raise it to what some of their officials are proposing it will be higher than the Foreign rates but at least until such a change is made I think I ought to be accorded the same rates given to others.

Hoping that you will see it in the same light and that I can rely on your assistance.

Yours Sincerely
H. G. Underwood

Han Kang, Seoul
Aug 18, 1898

Dear Dr. Allen:-

In the Seoul "INDEPENDENT" of Aug 16th. which reached me yesterday, I notice in your report to the United States that you are recorded as saying that a "custom has grown up among" the Missionaries here "of taking agencies for certain lines of goods to the detriment of our merchants". If this is what you said would you mind telling me to what you referred as I feel sure that there is some miss apprehension.

Trusting that you are all well.

Yours Sincerely

H. G. Underwood

P.S. Could you kindly answer to hearer

HGU

Han Kang, Seoul Korea
August 23, 1898

Dear Dr. Allen:-

Yours of yesterday reached me in due form and in reply let me state that I can readily understand that you cannot consent to be questioned regarding YOUR PRIVATE communication to the Government except by the letter: but in the present case I have simply asked for information as to what was referred to in a passage charging missionaries with things that were there called reprehensible and which you allowed to be published in a news-paper.

Am I to understand that when a Unites States Representative, in this way, makes public statements derogatory to a large class of his own Nationals, that explanation concerning such statements could only be obtained by sending ten thousand and more miles to the State Department in Washington.

I regret much that this has come up in this way as I thought that a few words could have explained all.

Yours Sincerely

H. G. Underwood

Seoul, Korea
October 17, 1898

Dear Dr. Allen:-

In clearing up my desk I have just found your note concerning Mr. Swallens passport to the country which reminds me that I have never settled with you for the amount due. I sincerely hope you will pardon the unreasonable delay and can only ask to be excused on the plea that just after receiving it I went to the country and while I was away it was put where it ought not to/ have been.

I enclose here with one Yen to cover the same.

Yours Sincerely

H. G. Underwood

Receipt sent for 1.00 yen

Seoul Korea

October 21, 1898

To Hon. H. N. ALLEN

U.S. Minister & Consul General.

Dear DR. Allen:-

The notification of appointment to serve in connection with the trial of an American soon to come off and notice to appear at the U.S. Legation on Oct 31 were duly received.

In reply I would State that I have been up from an attack of Neurasthenia in bed, only a fey[sic] days and now have nervous chills almost every day and attacks of my old nausea that you had to deal with years ago. I fear much that attendance on such a trial might be impossible and in fact am not sure as to whether I shall get through this Annual meeting and would therefor ask respectfully to be excused.

Dr. Wells is here and knows the condition of my health and I enclose the note that he wrote.

Yours Sincerely

H. G. Underwood

1900

May 1, 1900

Dear Dr. Allen

Last night at 9:15 as I was coming into Chong Dong & was stopped by the soldiers. They let me through after quite a parly but the officer in charge said his instructions were to stop all after 9 P.M. Koreans & Foreigners.

Is this right? If it is, can we have passes for ourselves & families & servants?

Yours Sincerely
H. G. Underwood

Seoul, Korea

November 23, 1900

Hon. H. N. ALLEN,

U.S. Legation.

Dear Dr. Allen: -

In regard to my telegram sent from Hai Ju to Dr. Avison, I would state that, on the 23rd of the ninth Moon, in the morning, one of the officials of a certain town in the country came to one of the leading Christians (a relative) in the city and told him that there was some very serious business on hand, that a secret order had come from the King for all the Christians to be killed. He at once came to the superintendent of our work in that section. The official stated that he had carefully opened a secret dispatch and resealed it. The dispatch stated that, "We, Yi Yong Ik and Kim Yeng Jun have received secret orders from his majesty, the Emperor of Korea, and we hand them down. Those who practice the religions of the West are believers in an unclean doctrine, while they profess to follow doctrines, they are in truth an evil minded people. On the 20th of the 10th Moon, in each magistracy, let the disciples of Confuscianism[sic] assemble at the Confuscian[sic] temple and in the night of that day, slaughter the Christians and destroy the churches".

The reason for the devulging[sic] of the secret dispatch at one city had been arrested, because he himself had not personally taken the letter to the next magistracy but had trusted it to an ordinary messenger. This acting magistrate was therefor taken before the magistrate of the next city on this charge and thus curiousity[sic] as to the contents of the dispatch that required so much care was aroused and the dispatch was secretly opened. The acting magistrate was confined all night and on the night of the same day (the 23rd of the ninth Moon), the magistrate of the city sent word that the governor of the province had sent to him a private dispatch, stating that the Eui Chung Pou had wired to him that there were some secret dispatches going around the country and had ordered him to have the same collected and forwarded to Seoul and the men who was circulating them to be arrested. The informer also state that the seals of Yi Yong Ik and Kim Yeng Jun were very plainly made upon the documents.

The reader of this document states that he is unable to give word for word, but it was long and was so worded as to include all christians and all that leaned to civilization, foreign and Korean as well.

The church superintendent at once on receipt of the first information sent his son to me at Hai Ju and it was after seeing his son that I sent the dispatch to Dr. Avison in latin. When he found that the dispatches had been ordered to be gathered up, he at once came to me, at Hai Ju, to let me know that it was alright, but as I could not tell how far the order had gone or how far it was known that the secret orders were ordered to be collected, I did not notify you of this by telegraph.

Yours sincerely,

H. G. Underwood

1901

Seoul

January 7, 1901

Dear Dr. Allen: -

Yours just to hand and in reply I would state, that Miss MacKenzie died of typhoid-pneumonia, so Dr. Avison diagnosed it. In regard to the clothing that was sent to Mrs. Moore's, many thanks for your suggestion and I will endeavor to enquire concerning the same.

I am glad to hear that you are so much better and I trust that you will have no return of the trouble.

Dr. Avison is doing very nicely: had a very quiet night last night and seems to be on the mend.

With thanks, I remain,

Yours sincerely,

H. G. Underwood

Seoul

January 8, 1901

Dear Dr. Allen:-

I saw Mrs. Moore yesterday and after a word or two of enquiry, I soon ascertained that she was as much afraid of typhoid as of typhus, and that she had already disinfected all the clothing and Miss McKenzie's rooms.

I thought a knowledge of this might set your mind at ease. Trusting that you are without a return of the fever.

Yours sincerely,

H. G. Underwood

Seoul

February 13, 1901

Hon. H. N. Allen: -

United States Legation.

Dear Dr. Allen: -

I sent this enclosed note which you will see is from a man, who is now in prison. I know really nothing about the case, I don't know anything about the trial, but if these statements are true should not the matter be looked into. As the information came to me, I thought I would let you know in this unofficial way.

Yours sincerely,

H. G. Underwood

1903

February 5, 1903

Dear Mr. Paddock

Herewith I enclose this old passport & also the agreement that is to be translated.

I desire also before I leave to make a codicil to be added to my will & when I come over I will bring it to the signed at the same time.

Yours Sincerely

H. G. Underwood

Haiju
February 10, 1903

Dr. H. N. Allen Esq.

U.S. Minister

Seoul, Korea

Dear Dr. Allen: -

Because your prompt telegram the boat for Haiju was held by Mr. Laparto for one day & I duly arrived here at midnight on Saturday the Seventh inst.

On the 8th although it was Sunday I thought it best to let the Governor & the gentleman sent down to investigate affairs & called on them but owing to certain official business the Governor came out & asked to be excused but invited me to lunch with him on Monday.

Mr. Yi Eng Ik was not in & I left my card. Yesterday, I called on both & was well received. Hearing that the investigation will probably be conducted here I have sent for Mr. Moffett & Mr. Hunt & have told both the governor & Mr. Yi Eng Ik that Mr. Moffett & I.

On the presentation of your card. Mr. Yi Eng Ik said that he would like very much to have us attend the investigation but that the French priest had come down after official notification had been made from the French Legation to the Foreign Office in Seoul, that yours was simply a card to him & that much as he regretted if he feared unless we could get an official notification sent from the Foreign Office he could not accord us the privilege asked. Finding that he was firm & would not budge from this I then produced your letter duly sealed.

On seeing this he asked me to translate it, seemed very much pleased, said that this made it alright & that he would notify us when the investigation was to come off if I would let him know where we were stopping. I told him that Mr. Moffett was included in this note & that as soon as he arrived in Haiju he would call.

I have taken it for granted that you desire us to be presented only when those cases are being investigated in which Christians attached to our American Churches are concerned.

There are a number of other things that they claim the Priest have been doing & unless you desire we will absent ourselves from all investigation other than those where we or Protestant Christians are concerned.

We can easily learn all that is done & said that you know about it if you desire without our being present.

Father Wilhelm called on me yesterday & he acknowledged that he has hindered & stopped arrests, that he has ordered the arrest of other than Christians(R.C.) of police officials etc etc & that he has administered. punishment such as flogging, imprisonment etc. He excuses it all on the ground that he was fighting with the governor here for official recognition.

After a prolonged interview with the Governor & Yi Eng Ik in the presence of Father Doucet(who was sent from Seoul) Father Wilhelm said he would not do so again. Just now however right here in the city the same thing is being enacted. Word has just come to me that this morning in connection with the investigation our order was issued for the arrest and a trial of certain Roman Catholics. Some of them were at the house where the priests are stopping & the Police went there & sent in word that they were wanted. When this did not come out the Police went in & opened the door of the room where the priest were & told the men who were there that they were wanted.

The priest immediately ordered that the policeman be seized & banned for opening the door where they were & thus entries. It does seem to me foolhardy for them to continue these tactics. How far you desire this correspondence to be official & how much in detail you desire reports I do not know & would be glad to know what you desire.

My address will be simply Haiju.

Yours Sincerely

H. G. Underwood

Haiju
February 11, 1903

H.E. H. N. Allen

U.S. Ambassador, Seoul, Korea.

Dear Dr. Allen: -

In accordance with your suggestion Mr. Moffett left Pyeung Yang on Friday 6th and Mr. Underwood left Seoul on the same day. Mr. Underwood came directly to Haiju arriving on Saturday 7th at 12 P.M. Hearing that this investigation was to be conducted here in Haiju Mr. Underwood communicated with Mr. Moffett who had expected that investigation would be held in Sinanpo. Mr. Hunt came on to Haiju at once arriving Tuesday the 10th inst. at about 10 P.M.

While awaiting the arrival of Mr. Moffett, Mr. Underwood called on the Governor and also on Yi Eng Ik. The Governor was very pleasant, received him very cordially and was not slow to detail his grievances against the French Priest Wilhelm and also against Father Le Gac. He claimed that not only had this hindered and prevented arrests of Koreans by force but had liberated those under arrest, had seized bound and imprisoned the officers sent to make arrests and had them flagged. That he had established a court of justice at his own place where usurping its functions of a magistrate he had cases brought and tried of both Roman Catholics to them.

The Governor also told us that Father Wilhelm had acknowledged that he did all these things. (I might state that the Bishop in Seoul told us that Father Wilhelm would not allow the arrest of any Roman Catholic by the Governor.)

Father Wilhelm also called on Mr. Underwood and told Mr. Underwood that he had been for months in a fight with the Governors for official recognition and that he had taken this method of foreseeing the matter to a settlement. He personally acknowledged his having ordered arrests, and also this time hindered the Korean officers from arresting and to having ordered the arrest of Police officials who were obeying this orders of the Korean lawful authorities. He said that he regretted that in this fight, Protestant Christians were involved.

The two priests Father Doucet from Seoul and Father Wilhelm from this section had a conference with the Governor and Mr. Yi Eng Ik on Sunday at which the Governor says this admissions above referred to were made and at which he assents, both priests acknowledged that wrong had been done by Father Wilhelm and Father Wilhelm gave a written statement that he would continue to do the same no longer.

On Monday Feb 9th Han Chi Soon of Sinanpo and Kim Yun Oh of Changyun entered their complaints before the special Inspector in the evening.

On the next day orders were issued by the inspector for the arrest of the men mentioned in the complaint and among them was the name of An Tai Kon who was the leader of those who assaulted Kim Yun Oh. It being known that this man (An Tai Kon) was at the house where the Priests were being entertained.

The Governor himself gave us the following details.

The policemen finding that the man was in the house and that when called for he did not come out, in the fulfilment of his commission went to the door of the room where the man was with the priests, opened it and told the man to come out. At this the priest ordered him - policeman, and he seized and had him suspended from one of the beams by his hands tied together and then bound his body to the post. They then ordered the man beaten.

It is also in person that the priest (Father Doucet) then went to the Inspector and claimed that the treaty had been infringed as the policeman had come within the room where the priest was. The Inspector replied that laws had been infringed when a policeman had been bound and beaten. Father Doucet then said, "Then we are guilty" and with an apology from the Inspector and the imprisonment of the policeman who had already been beaten this transaction was ended.

The man is still held in prison for their alleged violation of the treaty. Not having a copy of the treaty with us we cannot be sure but we doubt whether this is a violation of the treaty as this is not a treaty part. Would you kindly inform us on this point.

Another man named "Cha" was also ordered to be arrested but Father Wilhelm said it is now late and the man will stay here tonight and I will send him in the morning. In the morning he was not sent and when the police went for him both Father Wilhelm and the Korean were gone.

The Catholic from Sinanpo who had been with the priest here, also left the city the night their arrest was ordered so that no one has been arrested.

Messrs Moffett and Hunt arrived on Tuesday night. We all paid our respects to the Governor and the Inspector today at about 12.

The Governor was very free to express his feelings on the troubles here claiming that it was impossible to perform his duties as governor with priest's arrogantly by themselves the functions of magistrate and teaching and leading the people to defy the authorities.

We also called on the Inspector who talked very freely in regard to the situation. He told us that all the men whose arrest had been ordered had fled and that he had sent orders to the local magistrate to have the men arrested and sent to Haiju and that when they were arrested he would at once proceed with the trial.

We have also heard from the other county where the arrests were ordered that the men to be arrested are not in hiding that when the local yamen runners came and said they were wanted they laughed them to scare. "We defied the Governor's own policemen and do you suppose we will go with you."

They are in open defiance of the authority and of the inspectors. We do not believe that he will succeed in the arrest of these men unless he has authority to use the soldiers that are here for it is known that the Roman Catholics will use force to prevent arrest again as they have heretofore.

He wickedly says that if the men cannot be arrested he will proceed with the trial without them taking all the evidence he can, count their flight as one against them and decide the cases but if these men can defy arrest, they can and will defy conviction.

If after all that has been said and done they are still left at large and the government cannot or will not assert its authority the Romanists will be more boldly aggressive than they have been.

The situation is indeed serious, more so than either of us had thought and it may involve civil war.

(Do you not think it sufficiently serious to warrant the communication of the situation to the English and Japanese who are so vitally interested in preserving the integrity of Korea and this peace of the East if further development should show the continued successful defiance of all authority.)

We don't know how far this will accord with what you want as a report. Please pardon any mistakes and if you will let us now your desires we will endeavor to conform to them.

If you have two copies of some one of the code it might enable us to communicate with you if necessary by telegram without the telegraph people knowing what we were saying and Mr. Underwood will bring it to Seoul when he comes.

If possible the hearer will be returning by the boat that takes him to Chemulpo.

Yours Respectfully

H. G. Underwood

Samuel. A. Moffett

Haiju
February 18, 1903

To Dr. H. N. Allen
U.S. Legation, Seoul, Korea.

Dear Dr. Allen:

At 12 noon today we again went to the court and we were told that Father Doucet would not be present.

The Inspector told us that Father Doucet had been and gone and had said that he would not come to the court because the Inspector refused to release the prisoners despite an order from the Foreign office.

The Inspector then told us that the French minister had demanded through the Foreign office the release of the prisoners on the ground that they were being tortured, that the Foreign office had not telegraphed him asking why he beat and imprisoned men not yet condemned.

He had replied that they had not been beaten, that there was no torture for they would run away and they had confessed their guilt. He said that he had told Father Doucet that even though the Foreign office ordered their release (which they had not yet done) he could not release them. Father Doucet then replied he could then no longer attend the trial. The Inspector added that that was Father Doucet affair, if he cared to come he would be glad to see him and that if he absented himself and was Father Doucet affair.

We deemed best under these circumstances to communicate with you at once and sent you the following telegram

Imperial Korean Telegraphs

Telegram Nr. 124 Class p 37 words

Haichu 18/2 1903 1 50 am

Allen, Seoul

inspector says french minister demands through foreign office release of prisoners on ground of torture there is no torture. inspector refuses on ground that men have confessed guilt in court and would flee.

Moffett, Underwood

The trial went on from 12.15. The prisoners and accusers and witnesses of yesterday were then reexamined on the testimony of yesterday. The cross examination of the prisoners brought out most clearly the complicity of all three in the raid.

Pak Chin Yang acknowledged that he had taken part in the raid, that he had let the raiders from house to house but denied that he had received any of the money personally although it was his nephew, a lad, who went to get the rice promised to the raiders.

Han Chung Su confessed to some of the women, from whom money had been extorted, having been brought to his house and to the money being taken in his presence. He also confessed that at the order of the Sinpon he had called upon Kim Sect Chai to accompany him in the arresting of the Protestant.

Kim Sect Chai, a boy of about 18 years of age, confessed that he had been forced to accompany Han Chung Su when they went to arrest the Protestant, that his uncle being a Protestant he warned them to flee and that then the R.C. priest had ordered his (Kim Sect Chai's) arrest.

The Inspector then ordered: Pak Chin Yang to pay back the sums of money and the rice and gave him till Feb 22nd to collect the amount from those who had accompanied him in the raid and who, he said had received the money.

The Inspector then remanded the prisoners to jail and announced that he hoped to be able to make some more arrests by the day after tomorrow. The Seu Heng magistrate requested that his case against "no" - one of the R.C. leaders in the county of Seu Heng should be taken up tomorrow. We do not expect to attend the trial of this case.

We enclose herewith Mr. Moffett's original letter to you name's from Chinese documents which have been submitted here as evidence. We give these details because when the Inspector's report is in we trust they may be deeded for reference.

Yours Respectfully

H. G. Underwood

Samuel A. Moffett

Haiju
February 26, 1903

To Dr. H. N. Allen
U.S. Legation, Seoul, Korea.

Dear Dr. Allen: -

In our last letter we wrote you about their sending of Police with a note to Chung Kei Dong and also concerning the French Minister's telegram to the Inspector.

Since then there have been no trials of men in connection with our Christians on either the Chang-Yun or Sinanpo cases but the Inspector has had his hands full of cases against the Roman Catholics brought up by native Koreans, not Protestants.

Yesterday the Inspector sent for Father Doucet to hear the stories of torture and robbery that some had to tell. Their statement are most heart rending and they assert that some of the tortures was in the presence of and at the direct order of Father Wilhelm.

The Policemen who were sent to Chung Kei Dong with a letter had also an order for arrest. They have returned with a statement that they failed to secure the men, that they were ordered with the presence of Father Wilhelm who commanded them to leave Chung Kei Dong and as there were some of fifty or more Romanists gathered to prevent arrest they came back without anyone.

On receipt of this report, which showed that Father Wilhelm as again preventing arrest he telegraphed to Seoul again asking for his recall. He received a reply from the Foreign office stating that the Secretary of the French legation was coming down. We do not know who he is, whether he speaks English or not and we feel pretty certain he cannot speak Korean. We fail to see of what use this will be. We hold no official position. He will get all his information from the Priests or through Korean interpreters and the Koreans who can speak French are in the main Roman Catholics.

The Inspector now feels that the use of soldiers can alone effect the arrest of the men wanted. The department in Seoul has wired him that soldiers can be used and has simply wired the office in charge of the soldiers to assist the Inspector if absolutely necessary. He takes this to mean that he, the military officer, shall decide as to the necessity and that he has no power to place even 10 or 20 soldiers at the service of the Inspector to capture these men. The Inspector has requested the military officer to wire to Seoul for fuller instructions and this was done today.

If the military force here is not placed at the disposal of the inspector we do not see how the arrests are to be accomplished. Inspector policemen who were sent to Pyung San country to make arrests have also returned stating that they had succeeded in arresting four men but that they were taken from there by a large band of Romanists armed with clubs.

The delay in using vigorous measures is but emboldening the Roman Catholics in their defiance of the authorities.

We enclose herewith documents IV and V referred to in former letters.

Yours Respectfully

H. G. Underwood

Samuel A. Moffett

Haiju
March 2, 1903

Dear Dr. Allen:

We sent you letters on Feb 23 and Feb 26 with some documents enclosed but as we are not very sure about the delivery of the same if you have not received them re this we will send you copies of the same.

The first that we have to report is the fact that Father Wilhelm has been sending a circular proclamation throughout its county, Changyun. We send a copy herewith.

You will see that it deals with the initial matter of the Kim Yun Oh case but his statement that Cho Pyung Kil was arrested on this count is not in accord with facts. The charge against him was that of arresting and beating a citizen and of having entered into the presence of his Magistrate in an overbearing and intimidating manner with a show of force.

The merits of the original case, the matter referred to in the Father Wilhelm circular, were not touched upon in this court as it had already been settled by the Supreme Court in Seoul. But it was for later taking the law in his own hands that he was tried and convicted here. The Magistrate of Changyun and the Inspector have both resented this proclamation as an interference by a Foreigner with the actions of the court, tending to arouse disturbances among the people.

We have secured a copy of the evidence in the "heartrending case" referred to in our letter of Feb 26th. This case has nothing to do with the Protestant cases but is of such importance that we secured a copy of his statement in court, most of which was substantiated by many of Roman Catholics, now prisoners who had been eye witnesses of not a little of his sufferings.

The complainant was Yang of Chairyung. There are many such cases but we are selecting only a few of the most important ones which we hope you will have translated. In this case the beating was in the presence at and the order of Father Wilhelm.

On Saturday last policemen and [illegible] to the number of seventy or more with a reinforcement of eleven soldiers starting several houses afterwards left for Chung Kei Dong to arrest the fugitives that are there. (See note at end of letters)

On Sunday afternoon the Secretary of the French legation arrived with Yi Hyo Kwan, a Korean teacher from the French school as interpreter. The inspector tells us that this last was sent by the Foreign office to the interpreter and assistant to him.

The inspector called upon him that night. He (the Secretary) said he would send for Father Wilhelm on Monday.

This morning, Monday, he visited the prisons and saw the Roman Catholic prisoners and said he would come in and see them after. Whether he had any fault to find or not we do not know, he did not say so to us when we called but simply remembered that we both desired that undue torture should not be administered. Of course, when men are convicted they will not supposed be punished in accordance with Korean law.

We are told when the Inspector called upon the French Secretary last night, the Secretary asked him to call in his Soldiers and policemen and he (the Secretary) would see that the culprits were handed over to justice. To this the Inspector first objected but afterwards send an order of recall to the soldiers and policemen. (See note at end of letter)

We called on the Inspector this morning and tried to impress upon him the necessity of his using every effort to arrest the men emphasizing the fact that the Empire was concerned, said that soldiers should be sent and that he need not fear the presence of French Soldiers. He stated that his fear was that Father Wilhelm himself might receive some personal inquiry if there were a fight and for this reason he hesitated, that if he were not there, he could capture all and that the Secretary had promised to call Wilhelm to Haiju.

We called on the Secretary this afternoon and said our respects, the conversation not touching on the reasons for our presence other than the remark referred to above. How far are we at liberty to talk over affairs with him? How far should we leave it to him to introduce the subject?

The soldiers and policemen returned tonight. They report that their approach was signalled by the blowing of a bugle and that the heights were guarded by men armed with guns who (They say) had been instructed to fire on the police if the signal were given by Wilhelm.

As they entered the valley the houses seemed deserted ad the doors were shut. They went up to the Church which appeared as tho crowded.

Father Wilhelm came out alone with a walking stick in his hand. He demanded why they came. They replied to arrest a number of men. He asked for their warrant and after looking at it said "None of these men are here, you can arrest no one in my house. If you can find them elsewhere arrest them. Now go." They then asked for the warrant which he refused to give them and put in his pocket and ordered them off.

Having then nothing further to do, they came back bringing their "reinforcement" with them on their way and were met by the Inspector's orders to return. This is at least the fourth time since we have been down here that Wilhelm has prevented the arrest of the fugitives. The claim is again advanced that the house of a foreigner in the interior, that a Church in the interiors or that the presence of a foreigner temporarily in a native house gives immunity from arrest to the Korean fugitives that may seek refuge there.

It is evident that Protestant cases are but a small fraction of the cases involved and that the main issue is the maintaining of the authority of the Korean government against French encroachment. The presence of a French official here seems to have considerably altered the situation. He of course has far more influence with the Inspector than we private citizens nor have we any relation to the Secretary other than that of private citizens. We raise the question as to whether this situation does not warrant the presence of a regular official of a nation favorable to the maintenance of Korean authority and other securing of justice.

It is pretty well established that Wilhelm was armed with a revolver (small gun) which the police say he held in one hand.

Yours Respectfully,

H. G. Underwood

Samuel A. Moffett

Note. The inspector says that as the soldiers were so far behind the police and were not used by them at all he has not said that he used them and desires it to appear at all. He has sent them secretly and has not as yet used this word soldiers in connection with what he has yet done at all.

H.G.U.

S.A.M.

Haiju
March 4, 1903

To Dr. H. N. Allen

U.S. Legation Seoul. Korea

Dear Dr. Allen:

Yesterday morning we heard that the French representative and the priest, Father Doucet had called on the official. We were anxious to learn from him in regard to the return of the police etc. and had sent in our cards asking when it would be conventional for us to call, before knowing that the Frenchmen had called.

He replied that he was so wearied with the prolonged call of the Frenchmen in which they had made such persistent and unjust demands and as he had trials on for the afternoon he would be obliged if we would postpone our call till the following morning. Of course we assented to this but later be sent a message saying that he had some space time and would be glad if we would come in at once.

We then learned from the Inspector that on Sunday night when Mons. Teissier arrived here he had demanded the recall of the police etc. sent to Chung Kei Dong and promised to call Father Wilhelm to Haiju to hand over the fugitives. To this the Inspector strongly objected simply asking that Wilhelm be called to Haiju. Mons. Teissier insisted that the forces be recalled and finally guaranteed the handing over of the fugitives. Then the Inspector agreed and late on Sunday sent the order of recall which was that if they succeeded in making any arrests to bring in the prisoners but if they had not secured anyone to come back. This order did not reach them till after Father Wilhelm had used the show of force referred to above.

The inspector claims that he had warned them against an open battle for fear of personal injury to the Frenchmen for which if it occurred be fell his country would be called to account.

He then referred to the morning visit at which he said that they had persistently and without regard to justice demanded the release of certain self-confessed criminals who after breaking the laws, banded themselves together, offered armed resistance and had fired upon the policemen sent to arrest them. The Inspector naturally looks upon this as a serious crime and was disgusted at hearing such demands from the representatives of the French Government. He remarked hat which Mons. Teissier was nominally sent down to assist him in the execution of justice he is worse than the priest in his unjust demands. He has not released these prisoners.

We endeavor to persuade the Inspector that it was only necessary for him to bring in his finding in accordance with the facts as he found them and with strict justice and that the powers would stand by the government in such as position. He replied with the question "when have they ever done so" showing his feast lest if serious complications came with travel the government would be left without support. We were not in a position to make any promises of support tho assuring him that the powers would sustain the government.

There are not many Koreans who would have stood up under the presence that has been brought to bear, he has been fighting his country's battles valiantly but is perplexed as to how best to deal with the delicate situation.

We then sent the following telegram to Mr. Gale.

Telegram sent from Haichu Korea, March 3. 6-35 P.M.

From Messrs Underwood and Moffett to Rev. J. S. Gale, Seoul.

Wilhelm again prevented arrest. What relation have we to French Secretary? How can we meet his unjust demands? He demanded and secured recall police; promised to hand over fugitives; yet today demands release self-confessed criminals. Secretary's official position carries weight. Wish American official were here. Could Paddock come?

We did not know but that the nature of this telegram was such that it would be better if sent to Mr. Gale. We know that you would understand it was for you. Our suggestion about Mr. Paddock was not with a view from being relieved of the work but was the outcome of our interview with the Inspector who feels the official presence now brought to bear upon him. If you think it best for him to come of course we are willing to stay here to serve him if desired.

Yours Sincerely

H. G. Underwood

Samuel A. Moffett

Haiju

March 4, 1903

9 P.M.

To Dr. H. N. Allen

U.S. Legation Seoul Korea

Dear Dr. Allen: -

We finished a letter to you this morning and at the close referred to the telegram sent to you through Mr. Gale.

This evening Mons. Teissier called at about 6:30 and asked to see H.G. Underwood. He said that he had received a telegram from Mons. De Plancy indicating that we had communicated with the American Minister stating dissatisfaction with his action and not understanding our mutual relations. He affirmed that he was down here to see that justice was administered and that was all. Then he had received instructions from his legation to insist that in arrests, only official policemen were used and by official he means uniformed policemen that at the court all is to be quiet and that no women and children are to be arrested.

To this Mr. Underwood replied that so far the Inspector had used almost entirely the special police force who go without uniform that tho in a few cases in accord with Korean custom when the man desired had not been found, the police had arrested the wife. The inspector had always released them and that this had been done before he arrived. Mons. Teissier also took exception to the manner in which the Inspector had been conducting the trials, claiming that they had been noisy and unseemly. H. Underwood replied that with one exception of a case at the Pyung Li Joon the trials had been the most orderly that he had ever attended in Korea. Mons. Teissier taking exception Mr. Underwood suggested that had he been able to be present he thought he would decide differently. He also suggested that if we desired any explanation we should see him and said that he too would do the same. Just at this time your telegram to Mr. Underwood was handed in and after reading it Mr. Underwood said it referred to calling upon and cooperating with Mons. Teissier and he said he had received a similar one from Mons. De Plancy.

He also referred to old cases, some of which the Inspector was considering. Of course we do not know all that he has before him. He seems to desire to treat only those that he ought to as he has such a host. It must be remembered that there are some cases that run back some time where justice has not yet been meted out.

It will of course be a little easier for us to talk over matters with him now.

Your telegram as received here reads : "Your information regarding French Secretary incorrect. Call upon and cooperate with him. Avoid suspicions. His presence necessary because French subject concerned. No American directly concerned. Nothing for you to resist. Assist interpret unofficially and thereby your followers and report."

We think one letter of the above date and written this morning fully explains that information upon which our telegram was based and if our information is incorrect it can only be because the person interpreting did not because the person interpreting for the Secretary to the Inspector did not interpret correctly. We understand that part of the time the Koreans interpret from Seoul interpreter and part of the time Father Doucet and as the Korean from Seoul is said to understand French well and Father Doucet is perfectly conversant with Korean there certainly seems to be no ground to think the information incorrect.

Your telegram to us coming at the same time as that from Mons. De Plancy to Mons. Teissier has opened up the way for intercommunication and has defined our relations. The Inspector has seemed to us, ready wherever possible to release the accused but how can he otherwise than convict men who confess their crime. They released several Romanists tho they are only minor offenders not connected with our cases, in addition to the mentioned before, after they had been detained a few days.

We fail to see why the French should object to the Korean ordinary method of arrest and conduct of trials provided there is no torture or intimidation. Just as we had got the much written word comes from the Inspector chief Secretary that yesterday the Inspector sent a telegram to The Foreign office asking whether the authority had been given the French secretary here to make the following demands which he claimed that He has power to demand 1st Recall of police, 2nd release of prisoners, 3rd acceptance of bail, 4th the lessening of punishment, 5th inspection of prisons.

And that the reply has come from The Foreign office that at the request of the French Minister the power has been granted.

The Inspector is reported as saying if this is a fact there is no use his staying as this make the French Secretary the judge.

We will call upon him in the morning and if possible secure copies of the telegrams and send them to you by the next mail and if the result of the interview is important will telegraph you.

The Inspector is well able to do the work and has been most fair, his only difficulty has been that in making arrests he has been blocked by the French Priests. If now the French Secretary is given the power to say who shall be punished and how the government has surrendered to the French and of what use is the Inspector.

Many of the cases too are those in which the French Priest are not incriminated [illegible] Romanists are. Of course if the punishment is too severe on unjust the Secretary would, and rightly so, protest. The question at issue now is who is judge the Korean Inspector or the French Secretary, who is to decide as to the gravity of the crime and its proper punishment.

The evidence is piling up higher every day as to the lawless and most cruel deeds being perpetuated upon the people.

Yours Respectfully

H. G. Underwood

Samuel A. Moffett

P.S. On re-reading our letters we find that we omitted to note that Mons. Teissier returned our first call on the following day but at that time also the conversation did not touch upon the cause of our being here.

Haiju
March 5, 1903

To Dr. H. N. Allen
U.S. Legation Seoul Korea

Dear Dr. Allen:-

We heard early this morning that Mons. Wilhelm arrived in Haiju last night and we subsequently learned that he had brought with him but one of this fugitives An Tai Kon who was referred to in our letter of Feb 11th the man whose attempted arrest in Haiju at that time was the occasion of the beating of one of the police by the priests and who was not presented at the time of trial although the priest had promised to do so. He is the chief criminal in the Kim Yun Oh case and in many others. He has not yet been handed over to the authorities. The claim is now made that the others have fled and that they will be called up in a few days.

In accordance with one letter of yesterday we early sent in to the Inspector and asked an interview that we might verify the rumor in regard to the Foreign office telegrams. Word came back that he did not wish to encourage another visit from the French but would be glad to see either one of us if we would come in without ceremony.

Mr. Underwood went in and found the Inspector greatly worried and asked him plainly about the rumored telegrams. The Inspector at first hesitated to say anything in that he was afraid of being quoted to the French as authority. Mr. Underwood suggested that nothing could be done on rumors and that the American Minister must know the authority for our statement. He then replied that he did not mind it being known to us and that the American Ministers but that it would hardly do for it to be divulged that he spoke so plainly to us. He said that the telegrams had been exchanged but the Foreign office reply was not quite what we had heard simply that the French Minister had claimed such authority for the Secretary.

He however was firm that he would not yield and that he would resign before he would consent as it practically made the French Secretary the judge.

Mr. Underwood then went into the Inspector's outer office where were the Inspector chief Secretary and the clerks. He secured a copy of the telegraph that had been sent from here. You will see that his five demands were 1st Presence at trials, 2nd Recall of Policemen, 3rd Inspection of prisons, 4th Acceptance of Bail, 5th Issuing of punishment.

You will see a modification of what we sent in one letter in that release of prisoners is not mentioned in the telegram though the Inspector had told us that it had been demanded.

The Foreign office reply was "We have enquired of the French Minister and he says the French Secretary has this power."

While this did not say that the Foreign office had given this power, it did not say that they denied it and the Inspector was not a little worried.

His chief secretary in the course of the conversation said that the Inspector would not yield but that the persistent and insistent demands worried him not a little and that as he was not well when he came down he could not stand it.

We then sent you the following telegram.

IMPERIAL KOREAN TELEGRAPHS
TELEGRAM Nr. 43 Class p 53 Words.
Given in at Haiju the 5/3 1903
Allen Seoul

Information certainly Seems correct See letter coming avoid mentioning our Source of information rumor concerning telegrams in letter verified but needs modification Second demand though made here omitted in telegram reply was French minister States Secretary has Such authority inspector firmly refused compliance except presence at trials prison inspection

Underwood Moffett

The numbering of the demands differ from that in the Inspector's telegram but "2nd demand" in our telegram means this 2nd mentioned in our last letter (release of prisoner) as this was all that you would have before you.

Just as we had sent off the above telegram, word came from the

Inspector chief secretary asking our man to come around. He soon returned and reported that the French Secretary together with Father Doucet had been in to see the Inspector to renew their demands, that when the Inspector declined to yield, the Frenchman had will you refuse to obey the order of the Foreign office and that the Inspector had replied that as Imperial Inspector he did not take his orders from the Foreign office but from the Emperor.

French Secretary had sent a telegram to Seoul saying that the Inspector was sick and would not heed Foreign office orders, another Inspector should be sent and that the French Minister should secure Imperial order.

Of course this was only Rumor and we record if for what it is worth. A little later our man went back to the Inspector's office and then came and told us that the Inspector had wired his resignation to Seoul on the plea of sickness.

After considerable thought we deemed it misinformed enough to report to you at once and sent you the following telegram.

IMPERIAL KOREAN TELEGRAPHS
TELEGRAM Nr. 50 Class b 27 Words.
Given in at Haiju the 5/3 1903
Allen Seoul

Worried by French demands doubtful of government support inspector wired resignation if accepted long delay and probable defeat of government he deserves support

Underwood Moffett

Feeling that the situation had now become critical that a report from someone who had been here directly to you in person would be better that letter and perhaps well supplement them and at the same time feeling that neither of us should leave at this time we wired to Mr. Gale asking him to come down on the next boat, spend Sunday here and return and report in person to you on Monday.

We trust he will do so.

Yours Respectfully,
H. G. Underwood
Samuel A. Moffett

Haiju
March 6, 1903

To Dr. H. N. Allen
U.S. Legation Seoul Korea

Dear Dr. Allen: -

Early this morning word comes from the Inspector's office that another message has been received from the Foreign office calling the Inspector's attention to the fact that their message had been simply that this French minister had claimed that the Secretary had these powers and not that the Foreign office had granted the claim. This has considerably relieved the Inspector's mind as to the attitude of the government.

Not long afterwards the French Secretary called upon us after having visited the Inspector.

He stated that he had yesterday had difficulty with the Inspector who had positively refused to obey the Foreign office orders and had said that an imperial order alone could be obeyed. He also stated that he had at once sent a telegram to Mons. De Plancy stating that the Inspector was sick, had refused to obey Foreign office orders and that an Imperial order would be necessary. He told us that he had not asked to have this man relieved but had intimated that another man would be necessary.

This confirms the rumor we heard to which we referred in our letters of Mar. 5th.

Much to our surprise he then showed us a telegram that he had received this morning from Mons. de Plancy which told him not to oppose the Inspector but to assist him in his arduous task and at any price to secure a settlement of the case in accordance with equity. He also told us that in the course of a few days he hoped to have a number of the fugitives here. He also voluntarily asserted that as far as he had been able to learn the Roman Catholic Koreans had been guilty of gross crimes in both the Kim Yun Oh and Sinanpo cases and that if this proved a fact they must be severely punished.

We hoped that this will materially assist in the speedy settlement of the cases.

It is commonly reported Father Wilhelm has been endeavoring to collect evidence to bring about the removal of the Governor and the Inspector and that the Roman Catholics throughout the country are boasting of this.

We enclose herewith the complaint of a Korean (not a Protestant) against a Roman Catholic leader in another robbery. The Leader was arrested and tho the Roman Catholics gathered together to release him, the police by a trick eluded them and brought their prisoner to Haiju.

When interrogated by the Inspector he made a clean confession of it all, the evidence was unimpeachable and he has taken this course as the best way of mitigating his punishment. He however blames it all upon the priest (a Korean named Kim) at whose order he did all he did and to whom he has given the deeds that he stole.

He is said to be a man of no little means and that he has been the shrewdest and cleverest leader that the R. C. have in all the province.

Another aggravated case of another man (not a Protestant) is from still another county Seu Heng of wife stealing, robbery and torture is recorded in complaint XI sent also herewith. We are sending you but a few of the cases which will also show the severest and wide extent of the oppression.

Yours Respectfully,

H. G. Underwood

Samuel A. Moffett

Haiju
March 9, 1903

To Dr. H. N. Allen

U.S. Legation Seoul Korea

Dear Dr. Allen

On Saturday the 7th of mist. The French Secretary made two visits to the Inspector asking if he had received orders from Seoul and requesting the Inspector to wait only until Monday to begin the trials by which time he would be prepared to hand over the fugitives. The Inspector then expressed surprise that although Mons. Wilhelm had been here for two days no one of the fugitive had been turned over to him. Mons. Teissier said that if he turned him over the others, that were on their way in, would flee and promised if his arrest was deferred he would hand An Tai Kon once on Sunday evening.

On Saturday evening the Inspector sent a request for Mr. Underwood to come in informally. He had received no reply to his resignation and wanted to know whether he had any word. During the prolonged interview he went into careful details concerning Mons. Teissier's demand and promises fully confirming all that we have written you. While Mr. Underwood was still there a telegram arrived stating that His Majesty had ordered him to proceed with the investigation even though sick as far as his strength would allow.

This morning while we were talking with Mr. Gale who arrived last night our man came from the Magistrate office with the information that the Inspector had sent a letter to Mons. Teissier taking him to task for not having turned over the men when the time agreed upon had passed; that policemen and detectives have again been sent out to make the arrest; that the Inspector has set the enclosed telegram to the Foreign Office.

It is pasted here and says,"Whereas the French Secretary the recall of the police and guaranteed to deliver the prisoners by the eight day and not one has been delivered he has deceived us and broken his word, request recall of Teissier and Wilhelm, send soldiers and break up mob at Chung Kei Dong. Reply speedily."

Word was also brought that two police were sent out yesterday or this day before to Chung Kei Dong to arrest An Tai Kon when Wilhelm not there and that this police were met by another priest(Mai Sinpon) and ordered off.

We still further learned from the same source that Mons. Teissier called on the Governor yesterday and objected to his sending [illegible] to arrest Roman Catholics in Pyung San County. The Governor replied that as prisoners had been taken from his policemen he had recourse to the [illegible] to effect the arrest. These [illegible] down here have been entirely recognized and placed under the control of the Governor. The Governor declined to recall the [illegible] whom he had sent out, said if they did wrong he would punish them and when told by Mons. Teissier that he would be held responsible if a conflict arose the Governor replied that it was Governor's province to look after and settle difficulties might arise among the Koreans. (In our interview with the Inspector at a later hour he confirmed the above account of the interview between the Governor and Mons. Teissier.)

Only a few minutes later Mons. Teissier called and said that he had just come from an interview with the Inspector whom he had told of the escape of An Tai Kon the previous night and that An Tai Kon of Chung Kei Dong whom he had also promised to deliver had fled.

We would note that in the course of this conversation Mons. Teissier remarked concerning this last man that he had received instructions from Mons. De Plancy to take him to Seoul with him when he went up. Mons. Teissier also told us that the Inspector had upbraided him for having failed to fulfill his promise and that when he asked the Inspector what he would now do. He the Inspector replied "I have nothing further to say to you." He told us that he had telegraphed the situation to Mons. De Plancy and urged him to secure order authorizing this trial of the case even tho defendants are absent and urged us to make the same request.

We replied that we were eager speedy trial and had formerly made this request of the Inspector who had replied that he must at least get one or two of the leaders. We also suggested that we supposed the decision would rest with the Inspector.

We called at once on the Inspector who confirmed the report about the police and Mai Sinpon at Chung Kei Dong and gave us detailed account of his interview with Mons. Teissier.

The Inspector showed considerate indignation at the apparent utter lack of concern shown by the Frenchmen at the escape and asked whether it was possible for foreigners to act in this way with no sense of shame.

Mr. Gale is going up and will be able to give you many of the interesting details in connection with the above interviews. We deemed it best to send you the following telegram.

IMPERIAL KOREAN TELEGRAPHS

TELEGRAM Nr. 83 Class C 43 Words.

Given in at Haichu the 9/3 1903

Allen Seoul

Teissier had chief criminal here three days prevented arrest under promise to deliver yesterday allowed his escape priest Mai now occupies Chung Kei Dong Teissier requests order authorizing immediate trial although defendants have fled await details by Gale before securing order

Underwood Moffett

which we trust you definitely received.

Yours respectfully,

H. G. Underwood

Samuel A. Moffett

Haiju
March 12, 1903

Dr. H. N. Allen

U.S. Legation Seoul Korea

Dear Dr. Allen:

Since sending you our letter of the 9th inst. we have been awaiting the capture of some of the criminals. Yesterday, one of the leaders, Kim Pyeung Ho the R. C. leader at the Sinanpo came in and surrendered himself and one Pak Chai Hwan of this same place was captured and brought in. The first of these has a relative who has not a little influence among the Yamen runners here and in several magistracies in this province. He has been here for some time in almost daily consultation with the Inspector chief secretary and others. Another relative is reported to have brought in a large sum of money the other day. It is now commonly reported that these relatives sent word urging him to deliver himself as he was sure to be captured eventually and that it he delivered himself his punishment would be lightened.

Word came this morning asking one present at the trial at half past one this afternoon when we presented ourselves and formed found Father Doucet and Mons. Teissier, interpreter Yi Hyo Kwan. The men now to be tried at this time are two of the chief criminals with the Sinanpo case.

The charges were then read at some length and Kim Pyeung Ho was asked what he had to say. He admitted the coming of the 4 men before him on Sept 23rd as mentioned in Dr. Moffet's letter of Oct. 22nd but claimed that he had only ordered the arrest of Yi Chi Pok and that the others came with him and denied that any of them were beaten or banned. He said that when they refused and contribute to the R. C. Church they were dismissed. (The previous testimony of a Romanist confirmed that of the Protestant on this point.)

He admitted that previous to this, at his call that people of several villages had assisted in preparing the foundations for the church but denied that any were forced to do so. Hwang Dok Yung, a Protestant met this with the statement that he had been forced to assist under threats. Kim Pyeung Ho also denied forcing any one, other than Romanist to give money for building the Church. When asked about the signed and sealed document issued by Kim Hei Jiu (formerly sent to Seoul) he replied that this concerned another church of which he was not the leader and he could not speak about it.

He admitted having twice resisted arrest, saying that he knew he had, in doing so, committed a crime worthy of death but that he had done so because he was afraid he would be killed if arrested. He had finally however concluded to surrender.

He acknowledged that he had received 60 nyang (12 Korean dollars) denied that it had been extorted, claimed that it was due him from a Christian named Choi and when papers showing that he Kim owed Choi at that time more than the 60 nyang said that Choi's father brought it to him he did not know why (Choi's father says he was forced under torture to give it.)

He denied two other charges one of them that of seizing and selling fields the right to farm which has been bought by Protestant. He also acknowledged that he was in the house where a Protestant was under arrest but denies that this Protestant was beaten.

Pak Chai Hwan having been present and heard all the above testimony made practically the same admissions and denials but in the case last noted he admitted his presence in the house, that he had seen the beating of the Protestant but denied that he personally ad had any part in it.

His statement concerning the resisting of arrest confirmed that given by the policemen and quoted in one letter of Feb 21st and when asked what was his reason for demanding this money from the police, he said the priests had called him in, asked at what expense they had been in resisting this arrest and had told them to collect it from the police

He had then demanded the 1250 yang (50 Korean dollars) but when later the priest sent word to let them go without payment he had let them go. (This you will remember was at the intercession of the Magistrate of Chairyung.)

Rumor has just reached us from two different sources that Father Wilhelm has again gone to Chung Kei Dong taking with him several of those whose arrest has been ordered.

Yours respectfully,

H. G. Underwood

Samuel A. Moffett

Haiju
March 13, 1903

To Dr. H. N. Allen
U.S. Legation, Seoul. Korea.

Dear Dr. Allen:

The rumor in regard to Father Wilhelm has been confirmed by the interpreter and the Inspector told us tonight that the interpreter had told him that Wilhelm was talking with Mr. Teissier about returning to Chung Kei Dong. This return has been made despite the assurance given the Inspector by Mons. Teissier that Wilhelm would not disregard French orders.

Eight men testified in the trial today, all of them were complainants and the testimony of all confirmed all the charges previously made. The testimony was more explicit than before.

They testified most clearly to the beating and showed how Yi Chi Pok was the last man brought before the Romanists at the time mentioned on the 2nd page of yesterday's letter so that it could not be that the other three simply "followed" Yi Chi Pok. The testimony was not only most explicit in regard to the beating but to the actual part taken in it by both Kim Pyeung Ho and Pak Chai Hwan.

They also testified that the work on the preparing the foundation was forced and that a proclamation had been sent to 70% more villages ordering the people to come and help in the work. Names were also given of others of the Sinanpo Church and was shown that more would have been extorted had the Protestant yielded under torture.

The police were called who had reported the arrest of Kim Pyeung Ho and the resistance to the same and their final loss of their prisoner. They reiterated their former statement in the presence of the prisoner.

{Choi Chong Sin was supported in his testimony by his brother who testified that the 60 nyang given by their father who is over 80 years of age was only after threats of a beating if it was not forthcoming.} (This was testimony given out of court and should not be recorded here)

In regard to the selling of the fields it was testified by three men that Kim Pyeung Ho had issued an official order (현령 only issued by officials) taking the lands from the Protestants and that he had since sold part of them.

The party beaten in the presence of Pak Chai Hwan and who, Kim Pyeung Ho testified was not beaten at all was Yi Chai Whan and he testified that he was beaten by Pak Eung Nok(not yet arrested) in the presence of both Kim Pyeung Ho and Pak Chai Hwan and at the suggestion of Kim Pyeung Ho.

Kim Pil Sin was among those who witnessed. His complainant is sent herewith no. XII. He had accompanied two of the Protestant women who had fled from Sinanpo on account of a raid, back to the Sinanpo and he in turn had been seized and tortured by Pak Chai

Hwan and Kim Ki Chan the son of Kim Pyeung Ho in whose house he was tortured. At this time Kim Pyeung Ho was absent as he had accompanied the people who had arrested the 8 Protestants and taken them to Chung Kei Dong.

Hyun Pyung Jun one of the six men before whom the four Protestants were taken and beaten on Sept 23. (see Moffett letters CT page 1; C page 5) admitted the binding and beating and said it was at the order of Kim Pyeung Ho.

Rumors reaching us that the officials in Pyung San and Seu Heng counties were dealing severely and unjustly with the Romanists we mentioned it to the Inspector who said that he too had heard the rumors and had written to the Seu Heng Magistrate and spoken to the Pyung San official warning them against forbidding the religion or dealing unjustly with the people.

The burning of a pile of wood in the R.C. churchyard on Tuesday morning March 9th at which time several of the doors of the church. In Chairyung city, were said to have been taken off and burned is the occasion of counter changes; one that the Police and soldiers sent from here did it, and one that the Romanists themselves did it in order to bring changes against the policemen and soldiers.

Mons. Teissier telegraphed about this to the French Minister and we hear that the order has come from Seoul for Teissier and Yi Hyo Kwan, the interpreter to go to Chairyung and investigate.

Yours respectfully,

H. G. Underwood

Samuel A. Moffett

Haiju
March 16, 1903

Dr. H. N. Allen
U.S. Legation Seoul. Korea.

Dear Dr. Allen:-

The trial continued on Saturday in the presence of Father Doucet, Yi Hyo Kwan(the church interpreter), and ourselves. At this time the two defendants Kim Pyeung Ho and Pak Chai Hwan who were examined in the previous days as mentioned in our letters of the 12th and 13th first were cross-examined by the Inspector in the presence of the complainants.

Pak Chai Hwan was first examined and on the statement being made by complainants that it was well known that they had been leaders on Sept 25, he reluctantly admitted first that the complainant had been somewhat abused, and on the Inspector asking as to what kind of abuse they had received, replied that perhaps they had been beaten and finally acknowledged that they had been beaten and roughly handled by the crowd but that personally he had no part in it.

He had before claimed that he did not know and had never heard of Kim Pil Sin who was tortured on Dec 31st and had alleged that it was at the order of Pak Chai Hwan. He now being confronted by Kim Pil Sin come faced to acknowledge that he knew him but endeavored to prove an alibi by claiming that he was sick and unable to leave his house at all for three months prior to Jan 28th and that this (Jan 28th) was the first day that he was able to be out.

The Inspector above compared dates and showed that his own evidence had acknowledged that he was been to Chairyung and back at the date after beating of Yi Chai Whan and that the date after beating of Yi Chai Whan and that the date was Jan 9th three weeks before the first day on which he had been able to go out according to his statement now made. He replied that he now remembered that he had gone out on that date to Chairyung city (a journey of 10 miles there and back) to get some medicine. The Inspector suggested that if he searched his memory some more he might be able to remember somewhat of the incident of Dec 31st.

Kim Pyeung Ho for a long while stood firmly by all is denials stating and reiterating most firmly that there had been no beating on Sept 23rd but when confronted with the statement of the four men who were beaten, of Pak Chai Hwan and of Hyun Pyung Jun, these two last being Romanists be acknowledged first that there had been a little quarrelling and finally said perhaps there was some beating, he knew nothing at all about it.

After recalling of the Police at Mons. Teissier's request until last Monday the Inspector had no police out as that was the day when Mons. Teissier had promised to hand over the culprit. Since his failure to do so the Inspector has had police out with soldiers to support them and has been slowly but steadily making arrests so that now since a week ago today six of the men concerned at Sinanpo have been arrested but he has been unable to do anything at Chung Kei Dong. When Wilhelm came up another Frenchman called in Korean Mai Sinpon or Father Mai, went there and now Wilhelm has gone back. Your telegram in duplicate addressed to us both reached us at 5 P.M. on Saturday this month. It reads

"French Ministers has recalled Messrs Teissier and Wilhelm. I wish you to leave at same time Inspector instructed to terminate investigation speedily not later than two weeks."

When Messrs Teissier and Wilhelm leave Father Doucet will still be here to attend the trials and unless he leaves too it may give the impression that the Romanists have gained the advantage. We will take note of when Messrs Teissier and Wilhelm leave and in accordance with your wish will make our arrangement to leave also when we receive word from you to wait for the departure of Father Doucet.

If the examination is concluded within the two weeks it seems evident that it will be without the condemnation of the chief criminals in the two main cases unless they are condemned in their absence. It also looks as tho there will hardly be time so settle matters that the local magistrate will be able to handle affairs satisfactorily and it seems very evident that unless the Korean government demand for the removal of Wilhelm and Le Gac is granted, a recurrence of the trouble is inevitable.

Yours respectfully

H. G. Underwood

Samuel A. Moffett

Haiju
March 17, 1903

To Dr. H. N. Allen

U.S. Legation. Seoul. Korea.

Dear Dr. Allen: -

The trial went on as usual beginning again at 1 P.M. your new men were put on trial. The first was Hong Chong Kuok at whose house the beating on Sept 23rd was said to have occurred. He gave his evidence in a clean and straightforward manner. He was less concerned that some of the others and he said that he had protested against the beating and finally stopped it. His evidence was about as follows.

On the night when the beating took place, Pak Chai Hwan (whose examination was recorded in letters of March 12, 13 and 16) came to Hong Chong Kuok (the prisoner now witnessing) and told him to light up his sarang as he and others would use it. Pak Chai Hwan then sent some of the younger members of the R.C. Church to bring Yi Chi Pok, Han Chi Soon, Choi Chong Sin and Chung Kei Ho, four protestants. When these four men arrived there were Pak Chai Hwan (at the same time the leader of the R.C. Church at Sinanpo, Kim Pyeung Ho (since then successor to Pak Chai Hwan as leaders), Hyun

Pyung Jun, Hong Chong Kuok (the witness) and the men not yet arrested Won Hak Ju and Wang Yung Jo.

Pak Chai Hwan and Kim Pyeung Ho demanded money for the R.C. Church and Han Chi Soon had replied that the moksa had told them not to give other building of the Roman Catholic Church and he added that the Protestants had built their church after several years effort without appealing to outsiders and urged the R. Catholics to do the same. Another of the Protestant at this point suggested that if the leader was in such a hurry to build the R.C. Church he could accomplish his end by selling his house.

Pak Chai Hwan then remembered that you could not get money out of these except by force and with that Pak Chai Hwan, Kim Pyeung Ho, Won Hak Ju and Wang Yung Jo commenced beating the Protestants and then ordered them put outside. Hong Chong Kuok also said that at the order of Kim Pyeung Ho and Pak Chai Hwan he was one of those that helped drag the Protestants outside of their topknot. He and another taking Chug Kei Ho and Yi Chi Pok.

He claimed that he and his wife stopped their beating and that the Protestants were then dismissed. He also said that Kim Pyeung Ho came out with a club and ran after them but not finding them then returned.

He also testified to the raid and the beating of Choi Chong Sin by Kim Hyung Nam and others at the R.C. Church where Kim Soun Myung is leader, the leaders ordering it on Aug 23rd (02) and that he Hong Chong Kuok had advanced part of the money in payment for the alleged lost gold pin.

This testimony was given, it should be noted, by a Roman Catholic who took part in the disturbance but who in accordance in the testimony of the Protestants was more lenient in his treatment of them.

The next person examined was No Syung Chit 42 years of age. He was asked to give an account of this proceedings on the night of Sept 23rd. He said he lived opposite Hong Chong Kuok's house and that on the night in question he had been sent by Roman Catholic leaders Pak Chai Whan to bring Han Chi Soon, Chung Kei Ho, Yi Chi Pok and Choi Chong Sin. (This directly contradicted the statement of Pak Chai Whan and Kim Pyeung Ho and that Yi Chi Pok was the only man sent for and that the others accompanied him.)

He said that when he went for them he took with him several of the R.C. boys. In describing the trouble at the house he practically Corroborated all the statements of the complainant. He said that Pak Chai Whan hit Yi Chi Pok several times and then Kim Pyeung Ho struck both Chung Kei Ho and Choi Chong Sin a number of times. He was then called in and helped drag out the Protestants by the topknot. This last at the command of Pak Chai Whan and then at the order of Kim Pyeung Ho, Choi Chong Sin was bound but afterwards loosed by another R.C. Kim Pyeung Ho came out and chased after them as they fled home. He was asked whether he had not taken part in the beating and said that he had simply held Chung Kei Ho by the topknot and had done nothing more.

Chun Sok In aged 67 was next called. This man was not named

in the complaint but he was arrested because he is reported to have beaten the women and children when the Protestants were arrested and taken to Chung Kei Dong and there tortured on Dec 31st of last year.

He testified to the arrest of the 8 men at the order of Hong Sinpon (Wilhelm) and that they were bound and taken first to Chairyung City before Kwak Sinpon (Mons. Le Gac). He asserted that he saved women and children brought there and had told them to go home. His examination rested here.

The next man brought out was Kim Hyung Nam aged 24. Against whom a long list of charges in connection with Protestants and others was read. He was very prominent in the affairs of July 25th the beating of Yi Seng Hyok (Moffet letters C. page 2); August 23rd (letters C. pages 3 and 4) and he is the alleged looser of the gold pin and Jan 1st and 2nd when houses were raided and money extorted from Protestant men and women and others.

He tried to deny it all but admitted that he had claimed to have lot a gold hair pin. He claimed it was solid gold. He admitted that he had helped carry the senseless body of Yi Seng Hyok on July 26th and the order of the village Tumin (elder) a Roman Catholic. He also admitted after several denials that he had hit Yi Seng Hyok but not badly and that he had also hit Choi Chong Sin.

Hong Chong Kuok was then recalled (who testified first on this day) and he reaffirmed the fact that Choi Chong Sin and Han Chi Soon were both severely handled on Aug 23rd and on Han and Choi also confronting Kim Hyung Nam. The latter admitted that they had suffered but denied his part in the administering of the same. The testimony of them all was that this occurred in front of the R.C. Church and [illegible] and as the order of the Roman Catholic leader of the church Kim Soun Myung.

(Kim Hyung Nam. Ex. continued) He was at this time confronted by Chang Ki Bum (not a Protestant) an old man who had been taken to the Roman Catholic church and there before Kim Soun Myung he had been forced to pay (30 Korean dollars) 150 yang on a forged note alleged to have been made out by Chang's father over 60 years ago.

At first Kim Hyung Nam stoutly denied all knowledge but finally admitted that he had presented the note which he alleged to be genuine and that he had received the money in the manner alleged. The judge (Magistrate) said a note of 60 years given by a man now dead, to a man now dead could not be collected even thou genuine - ordered the money to be paid back and also the money paid him for the gold pin.

The court adjourned to meet today at 1 P.M. While in court yesterday we learned from the interpreter that Mons. Teissier had left for Seoul overland and that Wilhelm had not yet come from Chung Kei Dong tho he was expected to arrive in Haiju today. The wires are down and we cannot communicate with you.

Yours respectfully,
H. G. Underwood
Samuel A. Moffett

Haiju
March 18, 1903

To Dr. H. N. Allen

U.S. Legation Seoul Korea

Dear Dr. Allen:

The court reassembled at 1 P.M. on the 17th when Mr. Doucet and we were on hand. Kim Hyung Nam case was still under consideration and in view of his constant denials of yesterday he was confronted by Pak Chin Yang who was examined as we reported on our letters of Feb 17 and 18, Pak Chai Hwan, Kwon Won Don who were examined as we reported in our letters of Feb 21st. These are all Roman Catholics who have been on trial here and whose testimony strongly implicated Kim Hyung Nam as the leading spirit in several of the raids especially those on July 25, Aug 28 and Jan 1 and 2nd. Even when confronted by Kim Hyung Nam they held strictly to this testimony as given before and the Inspector decided that even tho it might be claimed that the complainant had not told the truth, it was hardly likely that his own comrades would implicate him in this way if he were not guilty and when the complainant told whole and straightforward story and their own comrades, members of the same church agreed with the complainant It was pretty evident that Kim Hyung Nam denials were false. He was declared guilty on all the charges and remanded to jail to await sentence.

The wires having been repaired we sent you the following telegram last night.

Imperial Korean Telegraphs

TELEGRAM Nr. 758 Class b 27 Words.

Given in at Haichu, the 18/03 1903

Allen, Seoul

Teissier gone overland. Wilhelm not returned from Chung Kei Dong. Four more captured. Doucet and we still attending trial. Shall we remain if Doucet does.

Underwood, Moffett

Today at 1 P.M. we went to the court and were told that owing to the report that Father Wilhelm was sick at Chung Kei Dong, Father Doucet had felt called upon to go out himself to Chung Kei Dong to see how he is and that he would not be at the court today. The trials of course went on as usual. Kim Pyeung Ho (letters of 12th, 13th and 16th mos.) was first called and was confronted by the two Roman Catholic prisoners Hong Chong Kuok and No Syung Chit whose testimony is recorded in letters of March 17th. Hong Chong Kuok and No Syung Chit stuck to their first testimonies and insisted that they had both of them seen Kim Pyeung Ho strike the

Protestants on Sept 23rd.

This at first Kim Pyeung Ho strongly denied alleging that it was a verbal quarrel and that not a blow was given. When shown that this could not be so with so many witnesses on the other side he admitted that the Protestants were roughly handled but that he had not touched them himself. Finally however he admitted that he had pushed them.

Pak Chai Hwan was next called (his testimony was given in the same letters as Kim Pyeung Ho's) and confronted by the same Roman Catholics. He then acknowledged that the four Protestants had been sent for by him and Kim Pyeung Ho. This is quite different from his first testimony. He had first tried to insist that there was no beating at all. When Hong Chong Kuok and No Syung Chit insisted that this was not so and that they had seen Pak Chai Hwan hit and kick the Protestants Pak Chai Hwan said he could make no reply. The complainants were then asked if they had anything to say. Several spoke dwelling upon the fact that Kim Pyeung Ho was the prime Mover in the disturbances and that if he were not properly dealt with there was no telling to what pass affairs would come.

Choi Chong Sin then called attention to the 60 yang that had been extorted by Kim Pyeung Ho from his old father and mother and in the presence of the Inspector accounts were balanced and Kim Pyeung Ho was ordered to pay to Choi Chong Sin the amount due him.

Inquiry with the alleged soldiers raid on and burning of the doors, of the Roman Catholic Church at Chairyung develops the fact that all but one pair of the missing doors were found concealed in the house of a Roman Catholic near the church. The soldiers were led to search the man's house because a boy asserted that the people of this house had done the mischief.

Yours Respectfully
H. G. Underwood
Samuel A. Moffett

Haiju
March 20, 1903

To Dr. H. N. Allen
U.S. Legation Seoul Korea

Dear Dr. Allen:

At 2 o'clock in the morning of the 19th we were awakened by a prolonged noise at the gate to receive the following telegram from you.

Underwood, Haichu

Interrupted telegraph prevented Plancy knowing Teissier movements. He has again telegraphed Wilhelm to come and requested Doucet to return. Please leave when Doucet goes.

Allen

It is not easy for us to know when Stess Joyce will leave and as the boat is three miles off we may not be able to leave on the same boat as they do but we will endeavor to do so and if hindered, to leave on the next boat at least.

Hearing that Wilhelm and Doucet had both come in and supposing they would be leaving on the steamer tonight, we were making preparations to leave and called on the Governor who told us that he had heard that Doucet had returned alone from Chung Kei Dong and that it was alleged that Wilhelm was too sick to go.

He expressed his fear that unless both Wilhelm and Le Gac are removed from Korea there will be soon a worse situation than the present one in this province. He also laid great stress on the necessities definitely defining the status of the Roman Catholic priests who are Koreans.

We also called on the Inspector and learned from him the truth of the Governor's report concerning Wilhelm and Doucet. He told us that Doucet had just been in and told him so.

He was in the midst of trying a case and we did not wait but a few moments. We told him that we had received instructions from you to leave when the priest did and that we would probably take the next boat.

We endorse herewith a copy of the Inspector's Proclamation (No.XIII) which will show the moderate methods pursued by the Inspector.

Learning that Wilhelm had not left and in doubt as to whether we ought to leave when he is on hand only 25 miles from here. We sent you the following telegram.

Imperial Korean Telegraphs
Telegram Nr. 183 Class 24 Words.
Given in at Haichu, the 20/3 1903
Allen, Seoul

Wilhelm at Chung Kei Dong Claims sickness prevents leaving. Doucet reported leaving tonight. Shall we leave first opportunity even though Wilhelm remains

Underwood, Moffett

Awaiting a reply. We remain.

Yours Respectfully,
H. G. Underwood
Samuel A. Moffett

Haiju
March 23, 1903

To Dr. H. N. Allen:
U.S. Legation. Seoul. Korea.

Dear Dr. Allen:

Your telegram dated March 20th and sent from Seoul at 7 P.M. did not reach here till 12 midnight of that date. It read: "Prefer you leave coincidentally Doucet. Allen"

This was too late for us to catch the boat even had we been able to get cookies and promise to reach the landing and the only thing for us to do was to wait the next boat. Dr. Moffett had telegraph for promise and this reached here on Saturday and he starts for Prevy Young this afternoon.

While us here we deemed at least to gain all the information we could and we sent a trust man to Chung Kei Dong. He returned on Saturday night having punctuated right into Chung Kei Dong. He reports on Saturday night that Father Wilhelm is there, that he is not sick. It still reported that An Tai Kon has gone to Seoul but he said that An Tai Kon is still there. He also reported that they have thirteen foreigner guns, five good Korean guns and a number of poor Korean guns.

He also reported that Father Wilhelm had just told the Roman Catholic up there that which the Inspector had been very careful up to this time, now he had done two things that were valid causes for recall, the burning of domes at Chairyung City and the beating of a man at Hwangju.

It should be noted that the first of them has already been investigated and proven false and the truth of the second is doubted. Father Wilhelm said that now he would be able to secure the recall of the Inspector and turn all his work upside down. We have prepared as far as we have been able to a digest of the whole affair as far as one people are concerned which we send to you.

We are also endeavoring to secure copies of this evidence as taken down by the Koreans which will also be sent you if we can secure the same. We have applied to the clerk of the court for the same Mr. Hunt coming down to see to his work in Chairyung arrived here on Saturday and will remain a few days.

Yours Respectfully
H. G. Underwood
Samuel A. Moffett

June 11, 1903

Dear Mr. Paddock:

I hear that we now have possession of the entire site outside South Gate that was exchanged for the Chong Dong property with the exception of one small house independent. This last we waive & the deeds can now be exchanged. Is it necessary for Dr. Vinton to come over & endorse the deeds. If no, would it be convenient for you if he were to come over today. He will leave town for a couple of days tomorrow, I believe. Let me know what hours will suit you & I will send him a word.

In regard to my property I saw the Mayor as you suggested, at his house that evening & all was arranged satisfactorily.

Yours Sincerely

H. G. Underwood

Seoul

November 18, 1903

Dear Mr. Paddock

Enclosed please find two yen for the transfer of deed in the records, receipt for which I have.

Yours Sincerely

H. G. Underwood

1904

Seoul, Korea
April 14, 1904

To His Excellency,
H. N. Allen, U. S. Minister, Plenipotentiary,
Seoul, Korea.

Dear Dr. Allen: -

I regret to have to report to you that the two churches, one at Chai Chang Mal and one at Sa Moui, concerning which I wrote you on March 22nd ult., stating that they were being used by Japanese troops and civilians, have not yet been vacated by the Japanese as was promised by them. In addition to this, the mats and other furniture in the churches are becoming badly worn by the Japanese and I feel that not only should the Japanese be requested to vacated at once but that some reparation ought to be made to the natives for the use of the church furniture and mats. Will you kindly again take this matter up with the Japanese minister, asking him to see to it that these churches are vacated at once.

Very sincerely yours

H. G. Underwood.

Seoul, Korea
April 28, 1904

Dear Dr. Allen: -

You will remember that in a letter some time back, you told me that the Japanese minister had promised that the churches that had been used by the Japanese would be vacated and asked me to let you know if they were not. I sent one of our local preachers down there to take charge of the services on Sunday last in order to see what had been done and he informs me that while the Church at Sa Moui has been vacated the one at Chai Chang Mal is still occupied.

Sa Moui = 삼뫼 三山洞
Chai Chang Mal = 차정말 車定里

Sincerely yours,
H. G. Underwood

Seoul, Korea
June 29, 1904

Dear Dr. Allen: -

Our house will be ready for the American Guard at noon to-day, with the exception of one room in the basement which I would like to reserve for the use of my Korean teachers for a few days as I have no place as yet where they could go. I think though that this will not interfere with any plans that you may have for the guard as it is but a small room under the room I used as a study and we will need it but a few days longer. There are also three quangs outside which still have a few things in and which I would like to have the use of for a day or two longer. We will move everything out from them just as soon as possible. In regard to the house itself there are a few things that ought to be mentioned. In the first place there is a pump in the kitchen by which water from the well can be pumped up to the kitchen or to a tank and from the tank pipes lead to the kitchen sink and to the bath room. There is also a hot water tank and connections for hot water but one of the pipes leading from the tank to the stove burst a few days before we left. If the guard would want to use hot water this would have to be fixed, but the stove can be used by uncoupling it from the tank. In the second place one of the water closets needs a little attention to make it useable. The roof too ought to have a little attention to make it tight for the rainy season. When it rains hard it leaks in the room we used as a dining room and in the one we used as a parlor. Finally, just a day or two ago the Palace people dug a sewer leading from their buildings down along the side of the house that they ought not to be allowed to use for it would have a very bad effect on the health of the men. I have turned over to Mr. Thompson two of the keys already. There is one more, to the room that the Korean teachers use that I will send as soon as we are through with that room. I think these are all the points that need mention. Hoping that the men will be more comfortable there than they are in their present quarters,

Yours sincerely,

H. G. Underwood

Seoul, Korea
July 29, 1904

Gordon Paddock, Esq.,

U.S. Consul General,

Seoul, Korea.

Dear Mr. Paddock:-

I thought you would like to know the result of <u>our interview with</u> <u>Mr. Hayashi</u> yesterday. At first Mr. Hayashi evidently thought that I had come simply out of curiosity and he was not very free in speaking, but when I referred to the fact that the man Shin was a member of my congregation he at once became very free. He told me that the man had not been sent to the city hospital but had been taken care of by the Japanese Gendarmes and that he was about well at the present time, and that his family could go and see him if they wanted to. I suppose they had felt that it would be best for them to keep the matter quiet and that that was the reason why no one could find out where the man was kept, but I thought you would like to know that he was all right. I am sure it was a great relief to me and a still greater relief to his family.

Yours sincerely,

H. G. Underwood

Han Kang
August 3, 1904

Dear Dr. Allen: -

The other day Miss Wambold said that you had remarked that you hoped the missionaries would keep their people out of the proposed union between the Roman Catholics and Protestants. I enquired what she meant by this and she said she did not know but she supposed we would understand. I meant to write at once and ask to what you referred as I had heard nothing concerning any such union movement and do now know to what it can refer. If it is anything important and you will kindly give me an inkling as to what it means I will have the matter enquired into and expect to do my best to do as you desire.

In regard to the Consulship at Hawaii, I have been told that the Korean government had definitely decided to send a consul there and that Yun Chi Ho had declined and that it now lies between a young man who was formerly in the emmigrant[sic] beureau[sic] and is somewhat younger than Kim Kiu Sic, and Kim Kiu Sic himself. I have also been told that a word from you would settle it for Kim Kiu Sic. You know best whether you can speak that word or not but I, having been asked to mention it, thought I would do so.

Have the boys left you yet? It must have been a great pleasure to have them with you. Trusting that you are all enjoying good health,

Yours sincerely,

H. G. Underwood

Han Kang
August 18, 1904

Dr. H. N. Allen,

U. S. Minister, Seoul.

Dear Dr. Allen: -

Yours of 17th, duly to hand and I have had the same copied and circulated among the members of our mission. I would like to say that it has always been the policy of our mission, not only to discourage such movements, but, as far as we had the power, to positively forbid the native Christians, as Christians, to engage in any political movements. We refuse, of course, the use of the Church buildings, our Christian emblems or the name of Christian in any such connection, but we have always taken the ground that we have no right to forbid them, as individuals, from engaging in the same; but we have been careful to inform them that if they do so, it is entirely at their own risk and that they must not look to us for any protection.

I had not heard of the possible re-organization of the Independence party but will do my best to discourage our people from engaging in anything of the kind, and will let them know that if they do so it will be entirely at their own risk.

Yours sincerely,

H. G. Underwood

Seoul, Korea
November 26, 1904

Dr. H. N. Allen,

U. S. Minister to Korea,

Seoul, Korea.

Dear Dr. Allen: -

Yours of the 26th just to hand and Yi Pong Nai has, I think, got things slightly mixed. The property is not the hospital property, but the old Moore property in the center of the city. He told us when making arrangements that it was not His Majesty, that he was personally attending to the matter and that it was a private purchase on his own part. He desired that the matter be kept secret and I told him that as the deeds were registered at the United State Legation, he would certainly have to go there before the deeds were turned over to him. He then stated that he would engage a time and meet me at the Legation for the purpose of handing over the money and receiving the deeds.

While the hospital property does not enter into that concerning which Yi Pong Nai is seeing you. perhaps you would like to have the figures and so I send them on an enclosed sheet. I suppose my name was connected with the affair because the Mission appointed me a Committee to negotiate both these matters and in fact I think I ought to be called the real estate agent of the Mission.

Yours sincerely,

H. G. Underwood

ITEMS OF MOINES TO BE RECEIVED TO REIMBURSE EXPENDITURES ON HOSPITIAL SITE.

Dr. Avison's House,	¥8,500.00	
Servants' Quarters,	260.00	
Well,	300.00	
	—————————	¥9,060.00
Jacobson Memorial House,	¥8,500.00	
Servants' Quarters	520.00	
Site,	10,000.00	
	—————————	¥19,020.00
Repairs on Korean Buildings.	¥2,000.00	
Book Room,	150.00	
Fixing Large Room,	44.90	
Recent Repairs,	15.00	
	—————————	¥2,209.90
Grand Total,		¥30,289.90

December 24, 1904

To His Excellency,

Dr. H. N. Allen.

U.S. Legation.

My dear Dr. Allen;

The following matter does not, as I fully understand, concern United State interest in any way. But it is of such an outrage, that I really feel that I ought to acquaint you with the facts, and ask you if you can see your way clear to lay the matter before the Japanese Minister and to the highest authorities in Korea.

On the 20th, 9th Korean moon (Oct. 29, 1904) a boat laden with rice caught fire on the Han River while passing the village of Hang-choo. The cry of fire was heard in the village, and at the first, only tow boats, and those of Christians were put out to the rescue. The lives of the sailors were saved, and of the little rice that was snatched from the fire, in all parts of bags of rice amounting to about sixteen, some were given (so claimed by Sin and Kim) to Sin and Kim, the two Korean Christians who had gone to the rescue. What became of the balance, no one seems to know. I understand that, the boat had about a hundred bags of rice on board when it started.

Now, Sin and Kim have been arrested, and the charges been made in court of both setting fire to the boat and of stealing the whole sixteen bags of rice. And on this account Hong <u>Pansaw</u>, the owner of the rice, has asserted that Sin and Kim ought to be answerable for all that was in the boat.

These two men were arrested, brought here to Seoul, and after they had been in jail for over a fortnight, nothing had been done for them whatever. I wrote to the Judge, suggesting that, as these Koreans from the country were ignorant men, and the trial had been so long delayed. I might be allowed to have a man who should as advocate for them. (See letter No.1). To this I received the Magistrates reply. (See letter No.2)

As the trial had not since been in progress, I wrote again to the Magistrate (See letter No.3) which letter he declined to receive, but the purport of which I had conveyed to him through a friend.

As far as I can judge of the matter, it is an attempt to force a man who was willing to try and render assistance to others in time of danger, simply because he is fortunate enough to be the owner of a boat and one or two fields, to pay the entire cost of crop of rice lost by fire.

I myself have personally visited the village of Hang-choo since the fire, and am confident as the truth of the story as told by Sin and Kim.

But we were fortunate enough the other day to secure the presence in my study of the owner of the boat, whose story tallied with that of Sin and Kim. (See exhibit No.4)

It is another case where an attempt is being made by shere[sic] force to make the weaker suffer.

I sincerely hope that, you will see your way clear to lay the facts of this before His Excellency, the Japanese Minister so that justice may be speedily meeted out, and these poor people released from prison.

Trusting that this can be done, I remain,

Yours sincerely,

H. G. Underwood

(Letter no. 1)

(Letter to the judge of the People's Court).

To His Excellency,

The Judge of the People's Court.

Dear Sir;

Although I have not had the honor of meeting you, I feel as if I know you.

Two of my Christian friends have been falsely represented by a certain Ye Eung-ki, and although seventeen days have elapsed since their imprisonment, they have received no judgement whatever. I do not see what difficulties there can be in your investigation of this matter, while at such a critical time of the year, these parties' extenuating circumstances should be taken into consideration.

I beg of you to hasten this matter by bringing together both the offenders and defenders in the case, and after having heard to evidences of both sides, to render your fair judgement.

I remain, Sir,

Yours respectfully,

H. G. Underwood.

P.S. Furthermore, kindly allow me to act as advocate for the said parties.

(Letter no. 2)

(Reply from Mr. Ye Chong-nim, Attorney at the Seoul Court.)

To Dr. H. G Underwood,
Seoul.

Dear Sir;

After having long desired to make your acquaintance, it gives me great pleasure to hear from you.

In reference to your request, we are at present investigating the matter. As to your presence as an advocate for the party, we think it will not be necessary.

Respectfully,

Seoul, Korea
Decmber 20, 1904

To his Excellency,

The Judge of the Peoples' Court.

Many thanks for your kind letter. You say that you are now trying the case; but I cannot understand this. What difficult investigation causes a fortnight's delay? I cannot see. It is very hard for people at this winter season to be locked up so long. Also hearing from the owner of the boat, the witnesses of what occurred at the time were Yu Hong Sung and Yi Syung Nyun. How is it that these two men have not been caused to appear and only the two men, Shin and Kim, have been arrested? This does not seem quite right. After you have looked into these points please decide the case promptly. If there is still further delay, I will acquaint the American Minister with the facts and ask him to let it be known at the Japanese Legation and to His Majesty, the Emperor.

Yours respectfully,

H. G. Underwood

(Exhibit no.4)

(Evidence).

Yu Soon-won, the owner of the ship states that while he was nearing Yang-chun with a load of Ex-minister Hong's harvest of rice, on the river off back of Yang-chun on the twentieth day of ninth moon(Korean calender) at about three o'clock in the afternoon, he had met with a sudden fire on board.

At this predicament as the distressed cried for help, two boats arrived to the rescue, saving five sailors and sixteen bags of rice (5 on board Sin Won-chil's boat and 16 on board Kim Duk-choon's). These were landed behind Yang-chun. However, out of the sixteen bags of rice, eight were carried off by the two boatman, Sin and Kim, as their due recompensation.

Just at the this point a smaller boat was coming towards the scene of destruction with apparent desire to give aid to the vessel caught on fire. When it was asked to whom the small boat might belong, Sin replied, that it was also a boat of Hang-choo.

Later as the tide went out, the sailors went on board the destroyed vessel, and found there a certain Ye Seung-yun alone. This Ye stated that, the former rescuers, Sin and Kim, had come again on board. To judge from this, without doubt a certain amount of suspicion resting upon the said Sin and Kim, the Owner of the vessel, Yu Soon-won has sued them on the twenty-fifth day, tenth moon(Korean calendar).

Also a certain Yu Hong-soon of Hang-choo stated that, he knows Sin and Kim to have come to rescue the vessel from fire.

Therefore the real witnesses in this case seem to be Ye Seung-yun and Yu Hong-soon. But the court has not taken into consideration the last named two, and has only imprisoned Sin and Kim. However it seems rather strange to the appealing party, that seventeen days have elapsed since they have been imprisoned but no judgment has been rendered.

Yu Soon-won,
Owner of the vessel.

Dec. 20, 1904.

1905

Seoul, Korea
February 21, 1905

Dear Dr. Allen: -

I had hoped to be able to call upon you yesterday; but we did not get through with our conference with Mr. Hagawara until it was too late to call. After talking with Mr. Hagawara, we found that we would be able to come to an agreement concerning the transfer of the old hospital property that will be satisfactory to both parties and Mr. Hagawara proposes that the matter of a grant to the Hospital be settled at the same time. He also proposes that rather than depend on a regular allowance from the customs, the Korean government should deposit a lump sum of, say, ¥40,000.00, at the bank, or enough to give an annual interest of ¥3,600.00, which should be at the disposal of the Hospital. I thought that you would like to know of these matters and so have written you. I will keep you informed as to how matters progress.

Yours sincerely,
H. G. Underwood

Seoul, Korea
March 13, 1905

Dear Mr. Paddock: -

As you will remember, at the request of the Japanese Consul, I stayed over two days so as to have a conference in regard to a settlement at Han Kang, and the matter of the railroad going through our property. They were especially urgent that I should leave the details to be settled by Dr. Avison, so that they need not wait until I got back. Since then we have not had a word from them; but we have heard from others that they were not going that way. If the railroad goes that we have to plan for our spending the summer this year, but of course, if it is not going that way, we can spend it there. I had been planning to secure property at a beautiful sandy beach where there are no mud flats; and, at the present time there is a man up from there with whom I was expecting to arrange for a temporary building this summer. I do not know whether it would be wise to ask Mr. Debouchi what the railroad is expecting to do or to let the matter rest until we hear further from them; but if they delay too long we will not be able to make proper arrangements for the summer. Do you think I had better drop a line or see Mr. Debouchi, or would it be best to leave it to them to make the next communication? When Mr. Debouchi left us he said that further communications would be carried on with Dr. Avison: that the railroad had made the request that we submit our proposal and that they would make a counter proposal to us. Hoping that I am not bothering you too much,

Yours sincerely,

H. G. Underwood

Seoul, Korea
March 24, 1905

Dear Mr. Paddock: -

I enclose you herewith a note that I have just received from Mr. Debouchi. It is not very satisfactory as you can see. I think that I had better go to see the Japanese Minister myself, and see if he cannot give us something more satisfactory to go on. I had intended to see Mr. Debouchi to-day; but this note came before I had and opportunity.

Yours sincerely,

H. G. Underwood

1906

Seoul, Korea
January 5, 1906

Gordon Paddock, Esq.
Etc. Etc. Etc.
U.S. Consulate.

Dear Mr. Paddock,

When Mr. Hulbert left for America, he told me that Yen Nine Hundred and Ninety (¥990.00) was due him from the Korean Educational Department, and that they had promised to send it over the next day; but that they were considering whether they could not give him an extra gift of six month's salary in addition in recognition of his long and valued services.

As they did not send around the amount, I have on several occasions sent to the Department asking for the same: but not until Sunday (Dec. 31, 1905) last was I able to get any answer, at which time Mr. Sidehara, Advisor of the Department, called and gave me Yen Three Hundred and Thirty (¥330.00) which he said, the Department claimed was all that was due Mr. Hulbert.

Could you kindly inform the Department that, while as Mr. Hulbert's agent I have received this sum (¥330.00) on account of Mr. Hulbert's salary, my reception of the same is in no way to invalidate Mr. Hulbert's claim for the amount that he told me was due him. Thanking you beforehand,

Yours sincerely,
H. G. Underwood

Seoul

January 9, 1906

Gordon Paddock, Esq.,

Etc. Etc. Etc.

U.S. Legation, Seoul.

Dear Mr. Paddock,

I beg to acknowledge the receipt of yours of 6th with the enclosed four deeds and the receipt. I wish to thank you for the same, and I shall see that they get to the hands of the proper person in charge. Kindly find enclosed a check for Yen 8.00 to cover fee for same, for which you have already acknowledged receipt.

I asked Dr. Hirst to talk with you about our Sorai Beach property and the registeration[sic] of the same. You know, in connection with the Han Kang property, although there was no Mayor's deed, the property was registered. Yesterday Mr. Hayashi was in to see me in regard to Han Kang property. You will I think remember that at your suggestion I asked Mr. Hayashi to use his influence in smoothing the way for our obtaining property in Chang Yun. This he promised to do, as a result everything went well. Yesterday I thanked him for his services and told him that I had Korean deeds, but that the local magistracy were not in the habit of registering the same, and asked him whether he could assist me in having them registered at some

Korean office. His reply was that the only thing at the present time to be done was, what they themselves have to do. Their people in the country, he said, bring in their deeds to their consulates where they are recorded and stamped. He volunteered the suggestion that he expected, the Resident General will introduce a system of registeration[sic] in Korea, but at the present time there is nothing to do but to have them registered at the consulates. I had not expected quite as full and frank a talk; but I thought you would be interested in knowing the plan followed by them, and if the same plan can be followed here. I will gather up my deeds and have them recorded by you.

I am not yet able to go out, or I would have run in to see you and let you know about the Han Kang negotiations. Mr. Morgan, before he left, seems to have suggested the sum of Yen 8,000 to Mr. Hayashi. They have agreed to Yen 9,000; but the matter of station is still in abeyance. I hardly felt willing to agree to the Yen 9,000; but when Dr. Avison and Mr. Miller agreed, I was in the minority and yielded. I suppose it is better to have it settled than to have it dragging.

Yours sincerely,
H. G. Underwood

Inquiries by Japanese gendarmes

Seoul
January 10, 1906

Gordon Paddock, Esq.,

Etc., Etc., Etc.

U.S. Consulate.

Dear Mr. Paddock,

This morning about eleven o'clock a Japanese Gendarme came to my house, and saying that it was the order from his headquarters and that he was going around to all the foreign residents in town, he asked for my name, initials, profession, age, family, etc., etc. I gave the first two and told him that I was an American citizen.

I did not give him any further information, as I did not consider it proper for him to come around and ask such question without an official paper from the U.S. Consulate in the first place, and as in the second place I thought that if the Japanese Gendarme Headquarters wanted any information on this line, they could make direct application to the U. S. Consulate.

I told the man to come around to-morrow, and that then I will know whether I should answer his questions or not, or wether I should send him to you.

Can you kindly tell me whether I am wrong in this opinion, and if not, shall I tell him to come to you, or shall I just answer his few questions, or shall I refuse to have anything to do with him unless he or someone else brings a paper from you?

If it will not be troubling you too much kindly let me know by to-day.

Yours sincerely,

H. G. Underwood

He had no paper of authorizations of any kind

Seoul
February 12, 1906

Dear Mr. Paddock,

I regret very much indeed to say that I have had a relapse with my throat since I saw you last, and I have not been out of the house since the last ten days or fortnight.

If it is the signing of papers, would it be possible for them to be sent over here? I am somewhat better to-day, but a slight ulceration developed from the throat last night, that I hesitate running any extra risk.

Because they know I am unable to go out, my Mission are going to meet at my house this afternoon, although if in the regular order we ought to meet in the other side of the City.

It it is impossible for the papers to be signed here, and to-morrow should be an equally suitable and mild day as to-day, unless something unforeseen should occur, I might be able to come over to the Legation sometime between twelve and one when the sun is highest.

Regretting extremely that is this way,

Yours sincerely,

H. G. Underwood

Will

March 21, 1906

Dear Mr. Paddock; -

How are you keeping now. I should have been round to ascertain had I not continued to be under the weather. My throat still troubles me and it is now over ten weeks since I have able to get a nights rest without a sedative. I am therefore going down to our Han Kang place to see what entire rest from work and talking will do. Mrs Underwood says it is pretty hard on me not to be able to talk. I hope you are keeping well.

I am writing just now to ask you whether a will written with the typewriter is valid or not. I have been told that in England it is not but I suppose that it is alright in America. My domicile is Brooklyn, New York and My brother who lives there will be my executor. I have a will but it was made ten years ago and needs so many changes that I thought I had better have a new one made. The last was drawn in New York and signed in duplicate. This is what I thought to do here as I have interests both here and in New York.

If Mrs Underwood survives I provide for her being executor but in case of her death for my brother in Brooklyn to be executor with ancillary executor out here.

Trusting that I am not bothering you too much

Yours sincerely

H. G. Underwood

Deposit of papers for safe keeping

Seoul
April 4, 1906

Gordon Paddock, Esq.,

Etc., Etc., Etc.,

Seoul.

Dear Mr. Paddock,

Having quite a little of matters and papers I want to have in safe keeping, I have recently ordered a safe from America. But as there are even now matters that I would not like to see get lost by any unforseen accident, I would like to ask a favor of you. Could you let me have a deed box in the U. S. Legation Vault, until my safe arrives from home. If this cannot be done, kindly feel free to say so, in which case I may have some matters to deposit with you if you should allow me to do so.

Awaiting your faborable[sic] reply,

Yours sincerely,

H. G. Underwood

P.P [illegible]

Deposit of papers for safe keeping

Seoul, Korea
April 5, 1906

Dera[sic] Mr. Paddock; -

Many thanks for your kind letter of yesterday and the permission therein contained. I have a deed box and will put the papers in the same and send them over.

I do not know how to thank you enough for all your uniform kindnesses and courtesies which have placed me so much in your debt.

Thanking you again

Yours sincerely

H. G. Underwood

To Gordon Paddock Esq.

U.S. Consul General.

April 26, 1906

My Dear Mr. Paddock:

Many thanks for your note of this date. It is indeed very precious of His Majesty to propose to confer such a decoration & there is nothing in my connection with the Mission to hinder my acceptance of this same.

I have been at Han Kang for some weeks & now will try a run down to Fusan & a week in the [illegible] sea air of that part. I was expecting to start on Saturday morning but will be back in about ten days.

Hoping you are [illegible] to well.

Yours Sincerely,
H. G. Underwood

Seoul, Korea

June 15, 1906

My Dear Mr. Paddock; -

I have had one or two set backs with my throat and almost feel that I shall have to yield to the decission[sic] of the Doctors and get out of Korea for a while. I have not yet settled but think to go via Siberia to Switzerland and spend the summer with my brother's family there.

What do I need in the way of <u>passport</u> and can the matters be arranged here or will I have to send to Tokio about it.

Yours Sincerely

H. G. Underwood

July 1, 1906

Dear Mr. Paddock,

I am now writing to you to ask you in regard to the matter of
my passport. I am sorry to bother you, but we are somewhat anxious
to know, as we are in hopes of leaving here in the early morning train
for Fusan.

Thanking you for an early reply,

Yours sincerely,

H. G. Underwood

1909

Seoul

August 14, 1909

Hon. T. Sammons,

Etc., Etc., Etc.,

The U.S. Consulate-General,

Seoul, Korea.

Dear Sir:

On behalf of Rev. Dr. H. G. Underwood, an American citizen, I beg to inform you that one two masted schooner belonging to him, -- named the "Chun Il Ho", Japanese built, registered at the U. S. Consulate-General Oct. 12, 1905, and Interior Ports Navigation Rights License renewed April 17th, 1908, -- was taken over to Chefoo, China a few months ago and is now detained there by the Chinese Customs on the ground that proper Foreign Ports Navigation Rights License should be brought to them.

When the man in charge of the vessel applied for a foreign ports licence at the Yong Tang Po Custom House near Hai ju, the Customs authority there told him that the old license would be sufficient for him to take the boat over to China, and thus the breach was caused. So, now, the man has been obliged to leave the boat over in Chefoo and come here to get a proper Foreign Ports Navigation License.

On applying for a Foreign Ports Navigation License at the Chemulpo Customs, we are told that we must bring them a written request from the American Consul, as the boat belongs to an American citizen. Therefore will you give this matter your kind consideration and enable us to obtain the necessary license by giving bearer a written request from you to the Chemupo Customs?

Thanking you in advance for the trouble we are incurring on you.

Yours sincerely,

H. G. Underwood

pp. J. W. Hirst

September 27, 1909

Dear Mr. Gould:

Your reply just seen I have been out all this afternoon. When Cholera was here several years ago we opened an emergency hospital at MohwaKwan where we had wonderful success. It was under Dr. Avison general management and Dr. Wells, Mrs. Underwood (M.O.) & I were put in charge of this one. I do not know how the rooms all now but my thought naturally went to this.

Dr. Avison will soon be here, I understand tomorrow. About expenses, I don't know just what these would amount to. There would be some immediate repairs and alterations and after this these expenses would depend upon this number of patients treated. Before we opened the hospital and treated hundreds of patients and then when it was all over the palace authorities enquired as to the cost and paid all this expenses. I myself am not now as strong as I was then and would not be able to do all I did but am ready for my share. Mrs. Underwood I fear cannot do much as she is only just out of bed from dysentery.

Yours sincerely,
H. G. Underwood

Underwood Deeds and Deed Box

Seoul, Korea
September 28, 1909

Mr. O. C. Gould,

Etc., Etc., Etc.,

U.S. Consulate-General, Seoul.

Dear Mr. Gould: -

Will you kindly let Mr. Kimm have deed box which was left there some three years ago when I was leaving for America.

Thanking you beforehand,

Yours sincerely,

H. G. Underwood

P.S. Also kindly let him have the deed to the Yu Kak Gol property which was taken over to you the other day. He will speak to you about it.

Mr. Kimm called on this 28 of September, 1909 and was given the deed referred to and the box containing private papers of Mr. Underwood.

Seoul

September 29, 1909

Ozro C. Gould, Esquire,

Etc., Etc., Etc.,

U.S. Consulate-General, Seoul.

Dear Mr. Gould: -

This morning I have received a letter from Mr. Fowler the Consul at Chefoo in which he states that the Junk "Chun Il Ho" has been cleared port there for Chemulpo.

I want to thank you for the trouble you have taken in this matter.

When I was building my summer house down at Sorai Beach I had no other means of carrying down some of my building material except by a junk of this kind, so I thought it would be best for me have a boat of my own which could be used at my own convenience. Of course when the boat was not in use by me I allowed the Korean in charge to use it, and in this way have been waiting until there should be a probable purchaser of the vessel.

Yours sincerely

H. G. Underwood

1910

Advertising bill from Japanese

Seoul, Korea
March 1, 1910

Hon. Mr. Scidmore,

Etc., Etc., Etc.,

U.S. Consulate-General,

Seoul, Korea.

My dear Mr. Scidmore: -

I would come round myself to talk over with you concerning the little matter that I am now writing about were it not for the fact that I am on my back.

A few weeks ago Mrs. Underwood had lost a box of jewelry containing a few buttons and pins, and had sent round for insertions in the advertisement columns of "The Seoul Press" and also to one of the local Japanese papers. "The Seoul Press" put in the advertisement and sent round their bill for one week's insertion for ¥1.50. The Japanese paper sends in a bill for ¥73.50 for the advertisement for the same length of time. They claim that they are charging according to their daily rate, and they are charging the highest rate they can possibly charge per day. I am willing to pay them, if you think that I ought to pay it, but it seems to me that this is such an exorbitant charge that I feel that they are trying to take advantage of our trust in them in sending round for the insertion of the advertisement.

I am sorry to bother you about a little matter like this, but I do not know just what ought to be done in a case like this.

Yours sincerely,

H. G. Underwood

March 11, 1910

G. H.. Scidmore, Esq.,

Etc., Etc., Etc.,

American Consulate-General,

Seoul.

Dear Mr. Scidmore,

Some years ago being desirous to doing some building in the country, I found that I could control things and manage work much better by purchasing a small <u>schooner</u>, I inquired at the Consulate and sustain that I had the right to have such a small vessel and my ownership was best established by purchasing the same, and having registered in my name. Mr. Paddock who was, if I mistake not, in charge of that time, and having went along smoothly. I secured the necessary papers from the Korean Custom-Office, without question the papers have duly been granted by the Custom Authorities. Of course had I been in this country all the time I should have disposed the vessel sometime ago; I am not engaged in any business to require such vessel, and I am now seeking to dispose of the same. Last year while I was away the vessel went over to Chefoo, and doubt arising as to ownership and was held by the Customs at that port until I sent a letter to American Consul-General Mr Fowler. The boat returned to the port of Chemulpo for the first time. Some days ago have been appying[sic] to pay annual dues (which was somewhat overdue), they met with difficulty and asked for a letter from me explaining delay, I sent such a letter to Chemulpo, and they then told me that the matters have been referred to Seoul, I therefore wrote a letter to Mr. McConnel asking him to kindly push the matter for me so that the vessel should not be delayed, he kindly replied on 8th as follow:

"I will put your letter before the Chief and let you know later".

As I am starting the country to-day, I sent another letter to McConnel asking him to know what has been done and I received a reply as follow:

"As I heard from certain authorities in this Office that no foreign vessels are allowed to enter non-treaty Ports or engage in coasting trade, [illegible] afraid that the Chemulpo Customs will not grant permission to your sailing vessel".

I thought I had better send this statement at once although my immediate departure of the country for a few days would prevent my seeing you until early next week.

Yours sincerely,
H. G. Underwood

Seoul, Korea
March 16, 1910

Hon. G. H. Scidmore,

Etc., Etc., Etc.,

American Consulate-General,

Seoul, Korea.

My dear Mr. Scidmore: -

In connection with the recent notices in the papers concerning the native Korean religious weekly, I am sending you herewith a copy of the translation of the article to which exception has been taken.

Personally had I been editing the paper I would not have inserted the article, nor would I have allowed it to come out at least with the title attached thereto. The translations that have been given by other papers, as you see, have been very much exaggerated; but the present time is such that topics of this kind had better be omitted from such a paper.

I think possibly it may be well for you to know what my connection with the weekly is. It is the organ of the Presbyterian Church in Korea, published by an organised company and controlled by a committee of which I chance to be the chairman. In the registering of the paper in the Post Office I did not want my name to be mentioned at all. I was anxious to have it registered in the name of the Korean Presbyterian Church. Mr. Aoki, however, of the Bureau of Communication told me that it must be in the name of an individual, and that of the chairman. I have no legal control of what goes into the paper, but having seen this one break made by the Koreans, I shall, I think, assume the oversight of everything that goes in, because the paper as a paper has absolutely no idea of entering into politics of any kind, and it will be well to have everything so scrutinized that even the appearance can be avoided. The article as an article is simply asserting that Korea is in her present position because the people have not in the past done right, and reiterating what Prince Ito has so often asserted that "if they will be manly, intelligent, upright, and honest, they will regain their independence." However, I did not start to discuss the article, but simply to explain my connection with the paper, and to let you know that I expect to so oversee what goes in the future that even such an appearance shall not be manifest again.

If there is anything further that you care to know about the paper, etc., I will be only too glad to answer any further questions.

Yours sincerely,

H. G. Underwood

Enclosure.

HGU/K

Subject : Schooner's coasting license

Seoul, Korea
March 16, 1910

Hon. G. H. Scidmore,

Etc., Etc., Etc.,

American Consulate-General,

Seoul, Korea.

My dear Mr. Scidmore: -

I think possibly under the circumstances we had better change the ownership of the boat and have it under the name of my confidential assistant Mr. J. K. S. Kimm.

Kindly instruct Mr. Kimm as to what steps are needed to be taken.

Yours sincerely,

H. G. Underwood

2-30 p.m. Mch 16/10 - Interview with him. Told him to await answer to his application to customs for renewal of vessel's licence. Read to him Par. 345, of the Consular Regulations

Subject : Missionary Schools

Seoul, Chosen
Decmber 12, 1910

G. H. Scidmore, Esq.,

Etc., Etc., Etc.,

U.S. Consulate-General, Seoul.

My dear Mr. Scidmore,

In accordance with your suggestion I called on Mr. Komatzu this afternoon, and the call I can hardly say was satisfactory.

Mr. Komatzu didn't appear to want to commit himself, and as he was very busy the conference had to be somewhat short. He finally stated that Mr. Usami, Director of the Bureau of Interior, (who with Mr. Sekiya, Chief of the Educational Bureau, had just returned from a visit to Weiju and that vicinity) will be at the department in conference to-morrow, and that he will let me know the result of their deliberations by the day after.

I told him what you said, that he could easily settle the entire matter if he so desired, and he put me off with the above answer.

Just as I was leaving he said, "Then I am to understand that you don't want the amalgamation," and I replied, "Yes."

I thought you would like to know the result though not very satisfactory and send this on to you.

Yours sincerely,

H. G. Underwood

Seoul
Decmber 15, 1910

Hon. G. H. Scidmore,

Etc., Etc., Etc.,

U.S. Consulate-General, Seoul.

My dear Mr. Scidmore,

I enclose here a copy of a communication I have just received from Mr. Komatzu in regard to the matter amalgamation of <u>schools in the North</u>.

Mr. Komatzu's letter seems to be quite satisfactory, and I hope that there will be no further trouble over the matter.

Thanking you for your guidance and assistance,

Yours sincerely,

H. G. Underwood

1911

Fine Imposed on Christian pastor of Churngju

Seoul, Korea
February 11, 1911

Geo. H. Scidmore, Esq.,

Etc., Etc., Etc.,

U.S. Consulate-General, Seoul.

My dear Mr. Scidmore,

Sometime ago the local authorities at Churng Ju (定州) Magistracy of North Pyeng An Province (平业) tried to force one of our Christian school there to united with one of the public schools, of which matter you will perhaps remember. Since that time they are having another difficulty on the question of subscription that was raised by the church there in behalf of the school.

The subscription was asked only among the members of the church, but the authorities there claimed that it was against the law to raise any subscription without a permission; and on this ground the pastor of the church and an officer of the school were fined ¥10.00 and ¥7.00

respectively.

I called on Judge Watanabe on the subject, and he said <u>the law did not apply in any way to subscriptions raised among the church membership</u>. He said the law only applied to "la souscription publique" and <u>not</u> to "la souscription interieure". He further said that he himself is going to ask for a subscription among the members of his church to build a church, and that he had not thought of asking for any permit nor was he going to. While Mr. McCune was up in Seoul he called on Mr. Sekiya, who also said that the law did not apply to the case in the place mentioned and further assured him that nothing further would done. However since Mr. McCune's interview with Mr. Sekiya I have received another letter from Mr. Roberts, a copy of which I am enclosing herewith.

We shall be very glad if you can advise us what to do on this matter. We are not at all desirous of disobeying any law, and at the same time we wish to stand for what is right.

Yours sincerely,

H. G. Underwood

Feb 15, 1911 - Interview with Dr. Underwood

Seoul
February 17, 1911

My dear Mr. Scidmore,

In regard to the matter of <u>Church Subscription</u>, I have taken the question up with Mr. Komatsu and Mr. Sekiya since seeing you. They have assured me that the matter will be investigated and they will find out what is to be said on the policemen's side; but they also said subscriptions taken up in a church among church members <u>even for schools</u> need no permit.

I am further assured that everything will be straightened out, and I thought I had better just drop you a line and let you know the result of my interview with the authorities concerned.

Thanking you for your advice and guidance in the matter,

Yours sincerely,
H. G. Underwood

Geo. H. Scidmore, Esq.,
Etc., Etc., Etc.,
American Consulate-General, Seoul.

Seoul

June 19, 1911

Hon. Geo. H. Scidmore,

Etc., Etc., Etc.,

U.S. Consulate-General, Seoul.

Dear Mr. Scidmore,

Will you kindly issue and send to me a Legal Paper for Rev. H. N. Bruen of Taiku? I am enclosing herewith Yen 4.04 to cover the fee for same.

Thanking you beforehand,

Yours sincerely,

H. G. Underwood

He asked me to get this for him. I am just back from Pyeong Yang. Hope that you are all well. With kindest regards.

Yours sincerely,

H. G. Underwood

Red, June 19, 1911 and document sent with his check book

Seoul, Korea
October 25, 1911

To Hon Mr. Scidmore:
U.S. Consul-General.

Dear Sir:

I have this moment received the following telegram from Dr Sharrocks and Mr. Mc.Cune of Sen sen in the North;-

Underwood, Seoul.

Seven academy teachers and sixteen students arrested and taken to Seoul on to-days Express. Cause unknown, We urged delay pending communication with Seoul but they took them against protest. Consult Mr. Scidmore and advise us. Also please meet train to-night

Sharrocks McCune

I thought best to send it direct to you. As to What ought to be done or as to what advice is to be given I do not with only these fact here just know. I do not want to bother you unnecessarily and so am sending this. Do you think anything can be done. Shall I run round and talk it over with you or shall I wait till we have more particulars. It looks as though we may hardly expect any more particulars.

Awaiting your desires

Yours Sincerely
H. G. Underwood

Oct 26, 1911 - 10 am - Interview with Underwood and Gerdine. Told them I cannot interfere in this matter until [illegible] some American interest is affected

1912

Storage charges by Railway Bureau

October 11, 1912

H. G. UNDERWOOD,
SEOUL, KOREA.

Hon. G. H. Scidmore.
U. S. Consul. General.
Seoul, CHOSEN.

My dear Mr Scidmore:-

I send you herewith in duplicate form a copy of my complaint against the Railroad.

As to whether it ought to go further than a simple notification of yourself I do not know. They have yielded their contention as to time in making it two days instead of ten. the rate however is exorbitant, and as I desired to take delivery on the first opportunity Monday morning, I hardly feel that there ought to be any charge. I will however be entirely guided by what you may suggest.

Yours most sincerely,

H. G. Underwood

HGU/MH

Oct 15, 1912 - Sent Mr. Neville to Interview him and suggested

1. Sunday is a delivery day with the Railway

2. He did not employ a transportation broker

Upon returning Mr. N reports that Dr, Underwood is not anxious to press the complaint.

October 11, 1912

H. G. UNDERWOOD,
SEOUL, KOREA.

Hon. G. H. Scidmore.
U.S. Consul General.
Seoul, CHOSEN.

My dear Mr Scidmore: -

In regard to the matter of my coal concerning which I spoke to you a few days ago, I desire to present to you the following facts.

On September 25th Mr G.L. Shaw of Antung wrote to me concerning the shipment of twenty four tons of coal. I received the letter on the morning of the 26th, and at once telephoned to the railway asking whether the coal had arrived. They replied that it had not yet come. Asking them to let me know as soon as it arrived I waited.

Hearing nothing further from them I sent over to the Freight Department of the Railway on September 30th with the Bill of Laden, asking whether the goods had arrived. This time they at first told my agent that the goods were there, but after sending him from point to point, at the Custom's Office while they at first said the goods had arrived, they said that the goods had not yet been received.

Nothing further was heard until a telephone massage was received on Saturday October 5th, at about 6 o'clock in the evening, when they asked why we had not sent for the coal which had arrived some time.

Sunday intervening I was of course unable [illegible] and take delivery before Monday at about nine A.M. [illegible] to my surprise they demanded storage dues at the rate of [illegible] sen per day per ton for ten days' To this I demurred, I sent my son dorect[sic] to Mr Oya's office at Yongsan. This [illegible] caused a delay of one day in taking delivery.

On Tuesday Mr Harita of the Railway Bureau [illegible] here with an interpreter to make an adjustment, and said that they would only charge for the delay from the _[illegible] to the 8th, and allow twenty four hours for delivery, [illegible] demurrage charges for two days. To this too I objected, on the ground that I was ready to take delivery the first [illegible] on Monday morning, and that the notification coming [illegible] on Saturday night, I was unable to do anything about it _____ before Monday morning, and consequently there was no delay, for which I was answerable.

Instead of charging for the twenty four tons of coal the net weight they charged for grose weight, which they said was twenty seven tons, and also made a charge for putting it into their godown, making a total of ¥29.70. I paid the same but called special attention to the interpreter that I objected, and in his presence marked in red ink on each receipt, "Pd but object H.G.U." I thought it best to pay the charge protest and report direct to you. I object on two counts.

First. The notification came Saturday night at about 6 P.M. and

Sunday a holiday I could not take delivery before Monday. The delay was only on account of their attempting to charge demurrage. took the goods on Tuesday.

Second. The demurrage rates 50 sen per ton per day is expensive.

I send you herewith their receipts four in number totalling up to ¥ 29.70.

Yours sincerely.

H. G. Underwood

HGU/MH.

1913

Import Permit for Shot Gun

May 31, 1913

H. G. UNDERWOOD,
SEOUL, KOREA.

George Scidmore, Esquire
American Consulate-General,
Seoul.

My Dear Mr. Scidmore,

Will you kindly procure for me an importation permit for <u>1 Pr. Shot Gun Barrels</u>?

I understand that a full description of the barrels is needed - name of manufacturer etc - but I am afraid I am not able to supply you with this information. The shot gun was purchased by me when I was in New York. In packing up my things, the stock only was packed; the barrels were overlooked somehow, and these were sent out to me later through Messrs. Montgomery Ward & Co., of Chicago, together with two typewriters, and are now detained at the Customs in Chemulpo pending receipt of the permit.

Thanking you in advance for your kindness in this matter, I am,

Yours sincerely,

H. G. Underwood

Wrote formal 'chit' in reply, telling him to find out calibre-bore-of barrels, the maker, date of arrival, steamer, and then apply direct to police authorities

File No. G24

1914

Lands - Underwood

February 2, 1914

H. G. UNDERWOOD,
SEOUL, KOREA.

Hon. Mr. R. S. Curtis,
The Acting Consul General.
American Consulate-general.
Seoul, Korea.

Dear Sir:

I find that there is such a great discrepancy in the number of tusubo between those given in the Government survey, as exhibited last week, and those given in my regularly registered deeds of land at my home here and also of land at my place situated in the district known as Mohakwan (new name as given by the Government being Takesoe Cho Nichome). that I have sent a letter to the Director of Land

Investigation Bureau, Government-General of Chosen. Thinking that you must also know of this. I am enclosing a copy of the letter to him.

Regretting to give this bother and thanking you for your courtesy. I remain.

Yours sincerely.

H. G. Underwood

p.p S.P.

HGU/SP

Dr. Underwood was called away before this letter was already for his sugnature[sic].

COPY

February 2, 1914

To His Excellency, the Direcetor[sic] of
Land Investigation Bureau,
Government General of Chosen.

Dear Sir:

I take the liberty of informing you that there is such a great discrepancy in the number of tsubo between those given in the Government survey as shown and exhibited at the Keijo Pu last week and those of my registered deeds of the below-enumerated properties that I beg to be favored with your usual kind attention.

(1) 西部 竹添町 二丁目 所在 一二六坪及火田
(2) 西部 御成町 所在 三四坪

Thanking you in advance for your kind courtesy,

Yours sincerely,
H. G. Underwood.

HGU/SP

Lands Investigation - H. G. Underwood

February 23, 1914

H. G. Underwood
Seoul, Korea.

Outside South Gate, Seoul

Hon. R. S. Curtis
American Consulate-general,
Seoul, Korea.

With reference to the discrepancy ocurred[sic] in my property situated at Mohakwan, West Ward, Seoul (the Government name being Tama Kawa Cho) known as Lot No. 126 which I mentioned to you in my communication of the 2nd. Instant, I found it necessary to submit the accompanying documents to the Director of the Land-Investigation Bureau of Government-General of Chosen, therefore I am sending you herewith the duplicate copies of what I sent to him this morning, thinking it wise to inform you accordingly.

Thanking you for your kind courtesy. I am.

Yours respectfully,

H. G. Underwood

HU/SP

COPY

Seoul, Korea
February 23, 1914

To His Excellency, the Director of
Land Investigation Bureau,
Government-General of Chosen.

Dear Sir,

On looking over the plan of my property, at Tama Kawa Machi,
West Ward, Seoul, Known as Lot No. 126. I found a radical error
in overlooking some of my stakes when the surveyed were made, which
resulted a difference of some twelve hundred tsubo.

Consequently, I enclose herewith the necessary document re same
and beg your kind attention to this matter, which will eventually
adjusted as it ought to be.

Apologizing for this intrusion and thanking you in advance for your
kind courtesy.

Yours sincerely,
H. G. Underwood

HGU/SP

1915

Seoul, Korea

February 28, 1915

H. G. Underwood

R. Curtis, Esq.,

The United States Consulate-General, Seoul, Korea.

Dear Mr. Curtis:

I have ordered from America two scale for kitchen use. They arrived in Chemulpo on the 20th February, 1915 per s.s. Satsuma Maru.

E. D. Steward & Co. notified that this has been detained by the customs. Could you kindly secure a permit for the release of same. They are simply for kitchen use.

Thanking you for your kind attention. I am

Yours sincerely

H. G. Underwood

HGU/SP

American Consulate General

Seoul, Chosen
March 1, 1915

SUBJECT: Importation of Scales.

K. Arai, Kacuiro
Director of the Department of Finance
Government General of Chosen

Sir:

I have the honor to request that, if not inconsistent with the laws and regulations applicable there, permission be granted for the importation through the Jinsen Customs house of two scales for use in Dr. H. G. Underwood's family only, and not for the purpose of trade.

The permit, if issued, may be forwarded to E. D. Steward and Company, of Jinsen. These scales arrived from America on the S.S. SATSUMA MARU on February 20, 1915.

I have the honor to be, Sir, Your obedient servant,

Ransford Stevens Miller
American Consul General.

No. 91.

March 10, 1915

Ransford Stevens Miller, Esquire.
Consul General of the United States of America.

Sir:

In reply to your letter of the 3rd instant, regarding the importation
of two scales for the use in Dr. H. G. Underwood's family. I have
the honor to inform you that, having considered that the said scales
shall not be used in trade purpose or certification, the Director of
Chemulpo Customs House has been, instructed to grant permission for
their importation.

K. Arai
Director of the Department of Finance
of the Government General of Chosen.

김종우

생명과학대학을 졸업하고, 조직신학과 의학을 공부한 후 신학박사학위를 받았다. 연세대학교 한국기독교문화연구소의 전문연구원으로서 한국연구재단의 인문사회연구소 지원사업인 〈내한 선교사 편지(1880~1942) 디지털 아카이브의 구축〉의 연구원으로 일하고 있다. 주일에는 한국기독교대학 신학대학원협의회 소속 목사로서 시온산 교회를 섬긴다.

내한선교사편지번역총서 1
언더우드 선교사의 미국무부재외공관문서 편지

2022년 1월 28일 초판 1쇄 펴냄

지은이 H. G. 언더우드
옮긴이 김종우
펴낸이 김흥국
펴낸곳 도서출판 보고사

책임편집 이순민
표지디자인 손정자

등록 1990년 12월 13일 제6-0429호
주소 경기도 파주시 회동길 337-15 2층
전화 031-955-9797(대표)
      02-922-5120~1(편집), 02-922-2246(영업)
팩스 02-922-6990
메일 kanapub3@naver.com / bogosabooks@naver.com
http://www.bogosabooks.co.kr

ISBN 979-11-6587-266-3
      979-11-6587-265-6   94910 (세트)
ⓒ 김종우, 2022

정가 20,000원